Carmen Rico-Godoy

La costilla asada de Adán

PUNTO DE ENCUENTRO

Carmen Rico-Godoy

La costilla asada de Adán

temas 'de hoy.

Primera edición	mayo de 1996
Segunda edición	mayo de 1996
Tercera edición	junio de 1996
Cuarta edición	julio de 1996
Quinta edición	julio de 1996
Colección	Punto de Encuentro
©	Carmen Rico Carabias, 1996
©	Ediciones Temas de Hoy, S. A. (T. H.) 1996 Pº de la Castellana, 95 28046, Madrid
Diseño de colección	Rudesindo de la Fuente
Ilustración de cubierta	Eugenio Ramos
Fotografía de la autora	Mariano Casado
ISBN	84-7880-646-6
Depósito legal	M. 26.519-1996
Compuesto en	Fernández Ciudad, S. L.
Impreso en	Lavel, S. A.

El contenido de este libro no podrá ser reproducido, ni total ni parcialmente, sin el previo permiso escrito del editor. Todos los derechos reservados.

9	Almas blancas
25	La indeseada
37	La fuerza del sexo
45	Cuando Dios creó a la mujer, debía estar de broma
65	Mejor sola
81	Las uñas de la mente
91	El paraíso ya no es lo que era
121	La mujer total
131	Morir de vivir
145	No quiero
161	Diez mujeres y un poeta

Almas blancas

Blanca, la pobre, era completamente negra. Negra, como esos teléfonos grandes y destartalados que vendían los gitanos en el Rastro por veinticinco mil pesetas o más y que compraban embelesadas las señoras pijas de ojos azules y piel blanca y transparente, no como la suya, que era negra, opaca y áspera como el cuero de un odre.

Para arreglarlo, su madre era blanca. Tenía los ojos negros, pero era blanca, y la piel muy suave y delicada, siempre estaba quejándose precisamente de lo delicada que era su piel, tenía que untarse toda clase de cremas para hidratarla y nutrirla. A Blanca le gustaba acariciarle a su madre las manos y darle masaje en el cuello con una crema especial, precisamente por lo suave y elástica que era su piel, y tan blanca:

—Madre, ¿tú estás segura de que eres mi madre? —le preguntó una mañana de domingo Blanca a su madre, que se llamaba Violeta, mientras observaba su propia mano negra sobre la blancura del hombro de su madre.

—Joder, Blanca, es de las pocas cosas en esta vida de la que estoy totalmente segura, hija mía. Dame un poco más a la izquierda, guapa, ahí, ahí me duele un montón, yo creo que es de llevar el bolso al hombro todo el día.

—Es que a lo mejor, en el parto, te durmieron o algo y tú no te diste cuenta y en una de ésas te dieron el cambiazo.

—De eso nada. No me dormí en ningún momento, tuve un parto superfácil y supercorto. Me empezaron los dolores como a las ocho de la noche, estaba yo en el bar de tu tío Fermín haciendo acopio de fuerzas para aguantar de pie al menos unas cuantas horas...

—Es la pera que estando de nueve meses, estuvieras haciendo la calle todavía, joder, madre, qué quieres que te diga.

—Ya, pues te diré que hay cantidad de guarros que les chifla hacérselo con una embarazada. Recuerdo a uno que se llamaba o decía que se llamaba Eduardo, que era medio fijo, y lo que le gustaba era sentir cómo te movías, luego él solito se despachaba en un plis-plas, yo sólo tenía que chu...

—¡Madre, sigue contando pero no me des detalles!

—Vale, vale, no te cabrees. Bueno, pues recuerdo

perfectamente que estaba yo tomándome mi colacao con galletas y de repente, hija mía, que me entran ganas de mear, cosa que me pasaba cada cinco minutos, eso sí que era un coñazo al final del embarazo. Así que nada, me voy a mear y hete aquí que noto que meo litros. Así que vuelvo y le digo a tu tío Fermín: cuñado, creo que he roto aguas. Y en eso que me viene un dolor que me parte en dos y como ganas de cagar ¿sabes?, y a esas horas yo jamás he tenido ganas de cagar, yo siempre por la mañana, en eso he sido muy ordenada.

Blanca dejó de darle a su madre masaje en el hombro. Fue a la cocina y cogió los Fortunas y el mechero de Repuestos González. Volvió al dormitorio, encendió un cigarrillo, y se lo puso a su madre en la boca, encendió otro para ella y se recostó frente a Violeta, a los pies de la cama. Contempló a su madre, que se cepillaba la melena espesa teñida de rojo.

—No me gusta nada que fumes cigarrillos, nena, eres muy jovencita todavía.

—Joder, madre, tengo casi diecisiete años ya.

—Haz lo que quieras, mi obligación de madre es decírtelo, luego tú haces lo que se te cante. ¿Te sigo contando o no?

—Sigue, sigue. —A Blanca le gustaba ver a su madre cuando hablaba, los labios gorditos se le movían y dejaban ver esos dos dientes delanteros ligeramente salidos, muy blancos, y al hablar se le movía la punta de la nariz, y los ojos tan negros y casi siempre tan tristes se empequeñecían y animaban.

—Ya. Pues eso, y tu tío Fermín me dice: coño, Violeta, espera a que vuelva tu hermana Rosa para que te acompañe al hospital, yo ahora no puedo moverme de aquí. Así que me tomé una aspirina y empecé a rezar para que Rosa volviera enseguida, pero la tía no aparecía. Me empezó a entrar el canguis, porque el tema de conversación en el bar del Fermín, de madrugada, mientras recogíamos para cerrar siempre era que de quién coño era mi bombo, ¿sabes? Rosa decía que ojalá fuera del pijo que tenía yo como cliente fijo, un gilipollas que no se empalmaba ni pa'trás ni pa'lante, y todo porque hablaba sin parar, decía unas chorradas impresionantes, recitaba poesías y había leído más de lo prudente. Pero yo no estaba muy segura, por las fechas más que nada. Fermín decía que podía ser de un asturiano bajito, muy colorao que estaba siempre como congestionao y que tenía muchas pelas y olía a bosta de vaca, pero yo le decía que no, que con ése usaba siempre capota.

—Me encanta, qué emocionante. —Blanca le quitó el cepillo del pelo a su madre de las manos y empezó a cepillarse su casco de rizos espesos.

—No hagas eso, nena, que ya sabes que se te queda el pelo como el estropajo. —Violeta se precipitó a quitarle el cepillo a Blanca, que se recostó en el regazo de su madre.

—¿Por qué tengo este pelo tan horrible y no he sacado tu melena tan suave y tan bonita?

—Vamos niña, que tienes un pelo precioso, es tu pelo. —Violeta intentaba acariciar el pelo de su hija Blanca, tan negra, pero era como acariciar un estropajo Nanas—. Bueno, el caso es que me vino otra vez el dolor horrible, y yo notaba que ibas a salir en cuanto te ayudara un poquito, así que me levanté y le dije al Fermín: tío, me voy al hospital porque esto ya no da para más. Así que salí, y por suerte había un taxi a la puerta que descargaba a las dos viejecitas que vivían en el primero. Hasta que bajaron las hijas de puta, el Dúo Dinámico, que no podían ni moverse con sus artrosis, enganchándose con los bastones. Bueno, pues llegué al hospital y le dije a los de la entrada: es una urgencia, voy a parir, y una gilipuertas con zuecos me dijo: no será para tanto, espere aquí, seguro que todavía le falta un buen rato. Me sentó en una silla, en un pasillo, y otra vez los dolores, que yo tenía la impresión de que me iban a estallar los huesos. Pasó por delante uno con bata verde y zapatillas verdes y me agarre a él: dígame dónde está el baño, tengo que ir al baño. El me miró de arriba abajo, me tocó el bombo y me dijo: usted está pariendo, venga conmigo. Llamó a la de los zuecos, que iba y venía moviendo mucho las caderas con un calenturón impresionante, y le dijo: lleve a esta mujer al cuatro, está pariendo. No me atrevía a andar, notaba que me salían cosas por ahí abajo, líquidos y cosas raras. Me sentaron en una silla de ruedas y me empujaron corriendo hasta un quirófano, me tumbaron en una camilla, me espatarraron y empezaron a darme órdenes y gritos: empuje, señora, vamos, empuje. Yo estaba mosqueada, así que miraba todo el rato a ver qué me hacían ahí abajo. Apreté, apreté, y vi una cosa negra que me salía del coño. Era tu cabeza, mi niña preciosa. Detrás de la cabeza empezó a salir un cuerpecito como de lechón, negrito, todo negrito.

Blanca se incorporó y miró a su madre, que la contemplaba con ojos sonrientes y guasones.

—De pequeña me daba rabia que me llamaras «mi lechoncito».

—Hija, qué quieres, es lo primero que pensé cuando te vi. Un lechoncito de cerdo bellotero como los que tiene el padre de Fermín en la dehesa del Jarama.

Blanca volvió al regazo de su madre.

—El de verde te agarró por los pies, te dio un guantazo en la espalda, tal que aquí, y empezaste a llorar, a berrear. Yo le pregunté ¿es niño o niña?, porque en aquella época no era como ahora, que te lo dicen cuando estás en la barriga y no abultas más que una mandarina. El tío me miró por encima de la máscara esa que llevan y me dijo: es negra. Una gorda que me metía algo en el brazo, me dijo: tranquila, tranquila, no se preocupe. Yo le retiré el brazo de un tirón mientras seguía mirándote. De repente se me habían pasado todos los dolores, me sentía putamadre, con perdón. Y le dije al de verde: tráigamela, que quiero tocarla. Me la puso en el regazo, aquí sobre el corazón y tú lloriqueabas y respirabas y abrías mucho la boca y vi enseguida lo principal, se lo dije al de verde: tiene mis orejas, es igual que yo. El de verde sonrió y te volvió a coger y me dijo: ahora le vamos a hacer las pruebas y a bañarla, es preciosa y creo que es perfectamente normal. Vi cómo te cogían por los sobacos y te hacían andar sobre una mesa, y yo pensaba, joder, será negra pero la tía es listísima, sabe andar y todo. Luego te bañaron y tú dabas grititos y agitabas mucho los brazos y las piernas. A mí, mientras, me tapaban el coño con compresas o no sé qué hacían. El de verde vino a mi lado y me dijo: pesa tres kilos doscientos cincuenta. Y es perfectamente normal y usted está estupendamente. Le vi los ojos amables y sonrientes, así que le pregunté: doctor, ¿por qué es tan negra? La gorda que me metía cosas en el brazo se rió y el de verde me dijo: ¿y por qué es niña? ¿Quién sabe? ¡Misterios de la ciencia!

Violeta obligó a Blanca a cambiar de postura, se le había dormido una pierna. Encendieron las dos sendos pitillos y Violeta siguió hablando mientras acariciaba la mano negra por fuera y blanca por dentro de Blanca.

—Después me llevaron a una habitación con otras tres tías. Una de ellas estaba dándole el pecho a un bebé ante la mirada vigilante de una tía mayor y enorme que debía ser la madre de la madre: ay, qué bien tira de la teta mi nieto, machote, di que sí, tú a lo tuyo. La tía era gitana, desde luego, la recién parida lo parecía, pero el bebé era calvichi y blancuzco.

—Claro, ¿ves? Si yo hubiera sido gitana, por lo menos me sentiría más integrada, menos marginada. —Blanca se incorporó y miró a su madre a los ojos—. En mi clase hay dos gitanos y uno con sida y los tratan mejor que a mí.

—Venga ya, nena. Y qué quieres que haga yo. Naciste negra como el carbón, tía, y qué se le va a hacer... Lo malo fue cuando llegaron tu tía Rosa y tu tío Fermín y te vieron: lo normal cuando alguien mira a un bebé es que digan: es precioso, qué rico, es una divinidad, qué salao es. Pues en cuanto te pusieron los ojos encima dijeron: es negra, es completamente negra. Fíjate, qué gilipollez, como si no fuera evidente, hay que decirlo, lo primero, lo que salta a la vista es lo primero que dicen: es negra.

Violeta achuchó a su hija y le dio varios besos sonoros y húmedos en la frente y en la oreja.

—Así que, una vez declarado solemnemente que eras negra, pasaban a lo demás: ¿te han dicho si es normal? O sea, lo que faltaba, que fueras negra y además oligo o sorda. Es perfecta, decía yo, incluso sabe andar ya, que la he visto yo cómo echaba los pasos nada más salir de este vientre. Además, va a ser muy lista, mira qué frente tiene de ancha y de limpia. Pero la gente no tiene arreglo, somos como el perro de la Paulova, el de los reflejos: ante un estímulo, o sea, un bebé en este caso, reaccionamos siempre igual, así que decían: ¿le has visto los ojos?, ¿de qué color los tiene?, como si alguien negro negrísimo como tú fuera a tener los ojos de algún otro color. Fermín, que el pobre no es lo que se dice una luz, decía: yo creo que de pequeños todos tienen los ojos azules, por lo de la leche. La que le dieron al Fermín de pequeño. Así que te levanté un párpado y apareció el tizón de tu ojo. Tu tía Rosa, que no salía de su asombro, decía: qué mona es, mira, Violeta, tiene el pelo rizado como mamá. Tenías el pelo rizado como los negros bantús de Africa, no como mamá, que tenía ondas y bucles. Al cabo de un rato, cuando sus cerebros ya habían empezado la digestión del acontecimiento en sí, pues iban ya sintiéndose más relajados: es muy buena, no llora ni nada, mira qué manos tan lindas tiene, tan enteritas, y mira, mira la palma de la mano, la tiene completamente blanca, a lo mejor con el tiempo se vuelve blanca entera, desde luego la palma de la mano es exactamente como la nuestra. Qué chorrada. Anda cielo, tráeme un vaso de agua con un chorrito de limón.

Blanca se levantó, se estiró y fue a la cocina saltando para desentumecerse las piernas. Al salir del dormitorio se encontró con su imagen en el gran espejo de cuerpo entero del armario ropero. No se podía ser más negra. Parecía que le habían puesto una madeja enmarañada y enredada en la cabeza, pero tenía buen tipo. Las tetas altas y duras y no muy grandes, y la cintura estrecha y los muslos largos y las piernas estupendas, carnosas sin ser gordas. «Que se jodan los blancos», le dijo a su imagen, y siguió a la pata coja hasta la cocina. Sacó una botella de Lanjarón de la nevera, llenó dos vasos, exprimió medio limón encima de cada vaso. Se colocó en la cabeza un paquete de napolitanas y, con un vaso en cada mano, caminó despacio y con el cuerpo derechito hacia el dormitorio.

—Eso de ponerte las cosas en la cabeza, tía, no sé, deben ser reminiscencias genéticas de tu raza o algo parecido.

—No seas tonta, mamá, he leído en una revista que lo hacen las modelos para andar derechas. Y además, tengo que decirte una cosa, quiero tomar clases de ballet. Marisa va a empezar la semana que viene, creo que es buenísimo para las mollas de aquí, me he acordado por lo de llevar cosas en la cabeza, las bailarinas también lo hacen.

—¿Ballet? Pero tú estás p'allá. Dónde se ha visto una Giselle o una princesa del Lago de los Cisnes negra, vamos. Si quieres hacer ejercicio haz kárate o taekwondo. Si lo hacen los amarillos, lo pueden hacer los negros.

—Pues mira a la modelo esa tan famosa que gana tanto dinero, viene en esta revista, mírala, Noemy Campbell, es superfamosa, y por aquí venía una cantante de ópera que es oscurita también...

Blanca había cogido un ejemplar de *Diez Minutos* y pasaba las hojas con mucha rapidez después de haberse mojado el índice con saliva. Violeta miraba las manos milagrosamente hábiles de su hija, siempre que las veía en acción se maravillaba.

—Ya sé quién dices, pero no es tan negra, y además es extranjera y no es lo mismo.

—¿Que no? Seguro que su padre o su madre, cuando ella dijo en su casa que quería ser cantante de ópera, le dijeron: ¿has visto alguna vez una Norma o una Dama de las Camelias, tísica y pálida, negra perdida? O algo así, y ya ves. No la encuentro, debe ser en otra revista. —Blanca arrojó el *Diez Minutos* al aire y la revista se estrelló contra la pared—. Además, ahora cualquier blanca canta y baila reagge o samba y los payos cantan como gitanos.

—Ahí tienes toda la razón, hija, qué quieres que te diga. Ya no hay exclusividades cuando se trata de talento —dijo Violeta, terminando de beberse el vaso de agua con limón—. Cuando eras pequeñita, sobre todo al principio, pensé seriamente en irme al extranjero, a Francia. Una que trabajó conmigo en El Burladero, Terry, una canaria muy alta, se fue a Lyon o a Burdeos, no me acuerdo dónde, y le fue cojonudo de bien. En Francia la gente es más liberal en esto de las razas, no es tan borde ni tan provinciana como aquí, a nadie le extraña que una pelirroja tenga una hija negra, joder.

—Tú no eres pelirroja natural, madre. Te olvidas siempre.

—De pequeña era rubia rojiza, luego me fui oscureciendo. Por eso tu tía Rosa pensaba que a ti te pasaría al revés, que si eras negrita de pequeña, luego te irías aclarando, igual que hay críos que al nacer están todos coloraos y luego se les pasa. Cuando empecé a darte de mamar, las enfermeras venían a ver el espectáculo: una madre blancuzca dando el pecho a una bebita negra negra. Joder, no salían de su asombro, te lo juro. Pero fíjate que con lo rara que me parecías, eras mía, te reconocía como algo mío, no me cansaba de tocarte, de achucharte, de besarte, me hacías reír cuando arrugabas la carita, la naricita, y luego te echabas a llorar con un vozarrón, joder, y una fuerza... qué bella eras de pequeña, bueno ahora también. Cuando te quedabas dormida después de mamar, te ponía en la cunita y te miraba y pensaba: de quién coño es hija esta criatura. Yo pensaba, te lo juro, que me había quedado preñada del Ginés, el que luego se casó con Merche, que ahora tienen el supermercado en la calle Pelayo, pues no. De Ginés no eras, eso sí que estaba claro. Pensando, pensando, me acordé de que por la época en que debí quedarme preñada fui con Raquel a una fiesta en un chalet en las afueras de Madrid. A Raquel y a mí, como teníamos buena pinta y éramos legales y limpias, pues nos llamaban a menudo para fiestas y cosas así, y nos pagaban un pastón. Claro, que teníamos que darle al Persianas una parte, pero... en fin, puedes dedicarte al ballet si quieres, pero te prohíbo que ni en broma te dediques a la prostitución, niña, ni siquiera la llamada de altos vuelos, que es mentira, es igual de mierda que la otra de patear la calle, ¿sabes? Bueno, pues Raquel y yo nos fuimos, ella dice que hacia una de esas urbanizaciones de la carretera de Burgos, pero yo tengo idea de que fue por la carretera de Valencia, da igual. Bueno, pues allí, tía, entre la mucha gente que había, había un negro como un teléfono, guapo, guapísimo, que pidió la vez. Bailaba muy bien, eso sí me acuerdo, y no hablaba ni patata de español, tenía una sonrisa estupenda y unas manos enormes y ágiles, como las tuyas, dedos largos, uñas brillantes, me dan envidia tus manos.

—Deja mis manos en paz y sigue, madre.

—Pues nada, qué te voy a contar, dame un cigarrillo. Que el negro era africano, según me dijeron, africano de Africa, nada de americano o alemán, no, no: africano fetén fetén. Yo, como a todos, le dije que yo prefería con capota, porque yo me he cuidado siempre cantidad, aunque hace quince años nadie había oído hablar del sida ni nada de eso, pero yo no quería follones. Así que por señas, le dije lo del condón, y él sonrió y que si te he visto no me acuerdo, se le fue el santo al cielo y a mí también, así que...

—Y no sabes cómo se llamaba por lo menos o de qué país de Africa era, porque Africa es muy grande, tía, madre.

—Ni puta idea. Entiéndelo, Blanca, cómo iba yo a calcular que me iba a quedar preñada de él precisamente, joder, pues no estuvo la farmacia frecuentada ese día. No sé, Blanquita, no me acuerdo. No sé si es que no me lavé después, cosa rara en mí, o pasó algo, fue el último o qué carajo pasó. Habíamos bebido un poquito, para qué te lo voy a negar, aguantar una fiesta en la que no conoces a nadie y encima de servicio... o sea. Y el negro cayó tarde, ya al final, eso sí. Raquel dice que estuve con él más tiempo de lo normal, yo no me acuerdo, sinceramente.

—Dios santo, es increíble que no te acuerdes de mi padre.

—No te enfades, Blanquita, es la verdad. Yo de lo

que estoy segura es de que esos espermatozoides africanos son la pera de resistentes, y esos genes se abren paso a hostias, como sea. Vamos, digo yo. El único negro que me he follado en toda una vida dedicada a la prostitución y écolocua, como dice Gina.

—Con esos datos es imposible ni siquiera intentar buscar a mi padre, por todo un continente. Ni en *Quién sabe dónde* podrán hacer nada: buscar un negro entre millones de negros.

—Mujer, uno que estuvo en Madrid en una fiesta. No debe haber tantos. Por lo que se ve en la tele, últimamente están jodidos. Mira, en Ruanda no habría que buscar, en Somalia tampoco. Se va estrechando el cerco.

Blanca estaba desanimada, se incorporó y encendió un cigarrillo. Estaba triste y seria. Miró a su madre de reojo.

—Qué te pasa, Blanca, no me vas a decir ahora a estas alturas que necesitas saber quién es tu padre. La suerte que tienes. Míranos a Rosa y a mí, nos hubiera encantado no saber quién era nuestro padre de los cojones, una bestia parda, borracho el día entero, un hijo de la gran puta, con perdón. Vamos, lo que hubiéramos dado ella y yo por no haberlo conocido jamás. Los padres sólo traen complicaciones, de todas mis colegas no conozco a ninguna que no deteste a su padre. Nadie debería tener padre conocido, vamos, seguro. No sabes la suerte que tienes, nena, ya lo entenderás cuando seas mayor.

Blanca examinaba cuidadosamente las uñas de sus pies.

—Podías haberme puesto otro nombre que no

fuera Blanca, por lo menos eso —dijo limándose la uña del dedo gordo.

—A mí me encanta Blanca, oye, una vez que eres negra como el azabache, guapa, ya lo demás da igual. Además, ya sabes que la tradición familiar es que todos nos llamemos con nombres de colores. Una manía de la abuela Violeta, que estaba como una chota, la anarquista. Peor es lo de tu primo, tan blanco, tan tonto y que se llama Gris. Tú eres negra, pero tu alma es blanca, ya lo dijo Antonio Machín, o sea. Con lo lista que eres además. Yo me asombro de lo lista que eres, porque a mí no lo has sacado. Yo soy listilla, astuta y eso, pero lo tuyo es de no creer. Con el examen de la beca dejaste patitiesos a todo el Consejo Escolar y al mismísimo ministro de Educación.

—Creo que voy a irme a estudiar a una universidad africana, en Dakar o en Nairobi las hay estupendas.

—Pero tú te has vuelto majara o qué. Cómo te vas a ir a Africa, tú, Blanca Rodríguez Puerta, de estudiante en Nairobi. ¿Dónde queda eso, por cierto?

—¿Te acuerdas de *Gorilas en la niebla*?

—Claro, con la Sigourney Weaver.

—Pues por ahí, un poco más abajo, a la izquierda.

—Joder, Blanca, está lejísimos. ¿Y qué coño vas a estudiar allí?

—Pues no sé, Empresariales o Administración de Empresas.

—Pero tú estás borracha. Todos los negritos se vienen a Europa a estudiar Empresariales y tú vas y te vas a un sitio imposible. ¿Tú no te das cuenta de que allí todos serán negros?

—¿Y?

—Nada, que estás acostumbrada a ser la única

negra en un mundo de blancos, una rareza, pero allí serás una de tantos, del montón. Y mientras, yo aquí, me lo imagino, la gente preguntándome: ¿y Blanquita, qué hace? Nada, está estudiando Empresariales en Nairobi. ¿Y eso por dónde queda? En Africa, donde estudian los gorilas en la niebla. Vaya corte.

—Te vienes conmigo.

Violeta miraba a su hija. Blanca había recuperado la sonrisa, tenía los ojos brillantes, sus pies, grandes pero bien hechos, sin sombra de callos o bultos, no como los suyos, casi deformados por los zapatos de tacón y punta estrecha. Desde luego los negros son superiores en muchas cosas.

—Blanca, me encantan tus pies. Mira qué diferencia con los míos, y eso que me los cuido un montón, me dejo fortunas en el pedicuro, pero mira qué porquería, al lado de los tuyos parecen deformes. Estoy pensando que los negros sois superiores en cantidad de cosas, el otro día se lo comentaba al Boinas y él estaba de acuerdo, me pegó un rollo impresionante con jugadores de baloncesto, músicos de jazz, y asegura que los negros la tienen mucho más grande que los blancos. A lo mejor me voy a Nairobi contigo. Estoy de este puñetero país hasta el moño. Además, prefiero no dejarte sola, no resistiría estar separada de ti, te quiero mucho, Blanquita. Y luego igual los negros creen que las blancas tenemos el coño horizontal en vez de vertical.

—Ay madre, por favor.

—Aquí se dice eso de las japonesas y las filipinas, por eso a los tíos les gustan tanto, que tienen el coño al revés.

—Quiero decir que en Nairobi te vas a portar bien.

—Yo siempre me porto bien, hijita, pero de algo tendremos que vivir, aunque te diré que, por lo que se ve en la tele y en las películas, no sé si están los negritos para muchas filigranas, pero en fin, se hará lo que se pueda. Oye, Blanquita, pide una pizza por teléfono, que no tengo ganas de cocinar hoy, que es domingo. Antes, ven, dame un beso, que te quiero mucho, mucho, eres un cielo, no ven, dame un beso, mi niña, te quiero mucho, mucho, mucho, eres un sol, no te merezco, cómo he podido tener tanta suerte con esta negrita de mi vida.

—Ay, madre, que me espachurras... qué boba eres, yo también te quiero mucho, aunque seas blanca e inferior. ¿De qué quieres la pizza?

—Te voy a matar, cabrona. De anchoas y mucho queso. Huy, cómo quiero yo a mi lechoncito, por Dios....

La indeseada

Ni siquiera fue su madre quien le puso de nombre Desirée. Cuando ella nació, su madre estaba demasiado ocupada cagándose en Dios y en Adán y Eva y en la madre que parió a Emilio y en todos los muertos de su puta familia. Fue uno de los peores partos conocidos por Marinieves. La policía nacional, junto a su compañero Carlos, tuvo que asistir al de Desirée en un descampado del barrio de San Blas hasta que llegó el refuerzo de la ambulancia municipal.

Desirée nació de culo, desgarrando la carne de su madre, Esperanza, como si en lugar de una niña fuera una pelota con trozos de cuchillas clavadas en su esferidad. Cuando empezó a sentir los dolores, Esperanza se echó a andar pensando que llegaría a tiempo al hospital, que no quedaba lejos. Caminaba tambaleándose, arrodillándose para poder resistir los dolores que le devastaban las tripas. La mala suerte quiso que tuviera que pasar por allí un coche patrulla de la pasma que, al verla haciendo eses y dando alaridos, se acercó a ella. Los polis la encañonaron con las pistolas, como medida de precaución. Ultimamente se habían dado casos de drogatas que atacaban con cuchillos a todo bicho viviente.

Con los ojos desorbitados, la melena negra sudorosa pegada a la cara, desencajada por el sufrimiento, Esperanza los mandó a la mierda y a Carlos le llamó hijo de la gran puta. Marinieves enseguida se dio cuenta de que Esperanza estaba preñada. No en balde había sido la tercera de su promoción, y eso porque era mujer, que si llega a ser un tío, es la primera. Fue la única que contestó bien a la pregunta «¿Qué es un extrasístole?: a) Un aparato para medir la gravitación de Saturno; b) Un grupo de rock urbano; c) Una contracción cardíaca.» Justo unos días antes lo había visto en un concurso en la tele. Para que luego digan que la tele no sirve más que para embrutecer al personal.

Carlos y Marinieves consiguieron meter a Esperanza en el coche patrulla, con muchísimos esfuerzos, porque Esperanza se agitaba una barbaridad por los dolores inhumanos y porque sólo el contacto físico con la poli la ponía histérica de pánico. A sus veintiún años lo único que sabía de verdad era que los problemas agudos vienen siempre de la pasma que te detesta, dónde vives, en una chabola, a qué te dedicas, a lo que se puede y a lo que cae, dónde están tus padres, no tengo ni idea, y tu marido, dónde está, en el talego, y así todo.

Cuando Carlos intentó arrancar el coche, nada, que no había manera.

—¡¡Vamos, tío, arranca de una vez, joder!! —gritaba Marinieves intentando sujetar los brazos de Esperanza y las piernas. Gritar, no gritaba ya, porque le había metido en la boca la porra, aconsejándole que mordiera fuerte, que eso la iba a aliviar.

Nada, el coche no arrancaba, estaba como muerto.

—Mierda, está echando sangre, tío. Vamos a bajarla otra vez. Llama por radio para que vengan a por ella.

La sacaron otra vez del coche. Esperanza se puso en cuclillas, agarrada a la rueda delantera derecha y empezó a lanzar más gritos, aullidos salvajes, feroces, irreconocibles.

Marinieves se dio cuenta enseguida de que la situación era mucho más grave de lo que parecía a primera vista. No se trataba de una mujer que iba a dar a luz, sino de un parto real y con muchas complicaciones. Se precipitó al maletero, lo abrió y buscó una linterna, porque ésa es otra, estas cosas sólo pasan de noche, naturalmente. La luna menguante intentaba asomar tras unos nubarrones de lo más inoportuno. Sólo nos falta que se ponga a llover, pensó Marinieves sacando una manta de origen desconocido.

Carlos había bajado del coche y estaba junto a ella, pálido y desencajado.

—Ya vienen. Vaya marrón que nos ha tocado, tía.

—Calla, sujeta la linterna. Es un milagro que tenga pilas. Voy a intentar poner a la chica encima de la manta.

—Ha dejado de gritar, ¿qué le pasa?

Los dos se precipitaron hacia Esperanza. Seguía en cuclillas pero silenciosa, casi ni respiraba. Más aterrador que los alaridos de antes era este silencio, sólo roto por los pitiditos y las voces lejanas y mecánicas de la radio del coche.

Marinieves miró debajo de Esperanza. Había sangre, y cosas que parecían blandas, pero irreconocibles. Marinieves se armó de valor y enchufó la linterna hacia los bultos sanguinolentos.

—¡Dios, es un pie y una pierna!

Pocas cosas había visto tan claras en su vida. Sin saber por qué, le apretó con fuerza la cintura a Esperanza y empezó a gritar ella también:

—¡Vamos, vamos, empuja fuerte, que ya está casi fuera, vamos, empuja, tía, fuerte y con ganas, tía... Va...! Carlos, sujétala por los sobacos y levántala un poco, no mucho. Vamos, tío, haz lo que te digo.

Marinieves se inclinó y empezó a tirar de la pierna. Se sorprendió de ver que al tirar de la piernecita la carne respondía y se agitaba sola, saliendo hacia fuera por un boquete enorme.

—Aquí está, ya lo tengo —gritó cogiendo el culito y luego un cuerpecito—. Levántala un poco, Carlos. Y tú, sigue empujando.

—¿La levanto o empujo? A ver si te aclaras.

—Ay, para qué poco servís los tíos en momentos cruciales.

Las manos de Marinieves se introducían en el boquete del cuerpo de Esperanza como si fuera una bolsa ancha de plástico. El cuerpecillo era como un pescado pringoso y escurridizo.

—Vaya destrozo. ¡Tengo la cabeza! ¡Voy a sacarla! Sujétala bien.

Por fin, por fin, el sonido lejano de una sirena. Esperanza no se movía. Marinieves sacó la cabeza.

—Dios Santo, no puedo creeerlo.

—Que se me cae la chica, oyes. —A Carlos le temblaba la voz.

—Ya está, déjala en el suelo, con suavidad.

Pero seguían saliendo cosas por la boca del cráter abierto en el cuerpo de Esperanza, y sangre. Carlos tendió a Esperanza en el suelo.

—Yo creo que está muerta —dijo—. No se mueve.

—Pues el crío está vivo. Eso creo, no sé.

La sirena se acercaba, pero a Marinieves le estaba empezando a entrar un pánico que la hacía temblar de arriba abajo.

—Carlos, coge la linterna y haz señas con la luz, no vaya a ser que se pierdan y no nos vean, tío. ¡Vamos, gilipollas, dale con la linterna, coño!

—Vale, tranquila. Habrá que cortarle el cordón ese ¿no?

—Tú ocúpate de la linterna y métete en tus asuntos, coño. A ti lo que te gusta es cortar, cortar.

Iba a empezar a llorar de un momento a otro. Le castañeteaban los dientes. La chica estaba tumbada, inerte, con la cara hacia un costado. Ella sujetaba la cosa escurridiza como se sujeta un besugo para ponerlo en la plancha de asar.

En una fracción de segundo, las luces de los faros de la ambulancia. Los tíos del Samur con chaleco naranja se precipitaron sobre ellos.

—Tranquilos, ya estamos aquí, tranquilos, todo está bajo control.

Un hombre con el pelo cano y los ojos muy oscuros se acercó a Marinieves y le quitó hábilmente el besugo de las manos. Su voz era suave, grave.

—Has sido muy valiente, chica. Anda, levántate, que esto es cosa nuestra.

—Es un bebé, está entero.

—Es una niña.

Marinieves intentó incorporarse, pero las piernas le dolían y no la sujetaban. Tenía las manos llenas de sangre pegajosa. Carlos la ayudó a levantarse.

—Es una niña, Carlos. ¿Has oído?

De repente había muchísima actividad alrededor. La agarraban, la llevaban en volandas hacia una ambulancia. Sintió de pronto un dolor familiar en el bajo vientre.

—Joder, me ha venido el período. Esto me pasa siempre en los momentos claves.

Marinieves no se separó de la criatura, sucia, negruzca, y jadeante que luchaba por vivir y respirar arrugando la carita, que parecía de vieja pasa, y agitando sus brazos y piernas flacos y arrugados.

En Urgencias del hospital se portaron muy bien. Médicos y enfermeros se precipitaron a atender a Esperanza y a su hija a toda velocidad. Desde la puerta al quirófano, corriendo por los pasillos, ante la atónita mirada de los pacientes que llevaban horas esperando su turno. La cara de Esperanza tenía un color gris pálido muy sospechoso. La niña, en cambio, presentaba un tono rojizo. Un mozo de bata verde la cogió con sus manos enguantadas y la puso bruscamente boca abajo.

—Se está ahogando. Hay que meterla en la aspiradora.

—Désire, bonita, tienes que aguantar —dijo Marinieves un poco horrorizada al ver cómo el médico le daba golpes secos en la espalda. Tras unas toses tímidas, la cría rompió a llorar con una voz ronca y grave.

—Désire, que nombre es ése.

—No sé, se me acaba de ocurrir. A mi madre le gustaba mucho desde que vio una película de Napoleón con Jacqueline Bisset.

—Pero vamos a ver: ¿esta niña es familiar tuyo o qué? —dijo Carlos, que todavía estaba pálido y desencajado—. Esta niña se llamará como le dé la gana a la madre o a la familia.

—¿No le has visto la cara a la madre? Yo creo que la palmó.

Una enfermera con mascarilla ayudaba a Marinieves a lavarse las manos concienzudamente.

—A mí me gusta Désire —dijo la enfermera— mucho más que Vanesa o Cintia, que está tan de moda. Ahora que, nada como Pilar, Ana o Teresa, que son como más nuestros. Además, creo que no es Désire sino Desirée. Lo sé porque hace poco pasó por aquí una francesa que le había atizado el marido, que era marroquí, una paliza importante y se llamaba así, Desirée, con dos *es* y acento en la penúltima.

Esperanza efectivamente había llegado cadáver al hospital. Fue imposible reanimarla. Desirée en cambio, pasó una semana en una incubadora, recobró fuerzas y a punto estuvo de salir ella misma andando del aparato. Nadie de la familia de Esperanza quiso hacerse cargo del bebé, que pasó a la tutela de la Comunidad de Madrid. Marinieves intentó adoptarla, pero no era fácil. Sus padres y sus amigos y compañeros hicieron como una especie de piña para disuadirla; que si iba a hipotecar su futuro, que si con el sueldo de agente no podría mantener a la criatura, que si no encontraría jamás novio con una niña a su cargo, que a saber si su padre no sería un asesino en serie, que una criatura no es como un perro o un gato, etc. Pero Marinieves, insistió. La Administración tampoco la ayudaba en absoluto, no ponían más que inconvenientes: era demasiado joven, estaba soltera y por tanto incapacitada para la adopción.

Pero por alguna razón que ni la propia Marinieves conseguía comprender, nunca había tenido algo tan claro como que debía hacerse cargo de la pequeña, por encima de los inconvenientes y a pesar de los buenos consejos de familiares, amigos y funcionarios. No tenía ni una sombra de duda. La llamada de Désire era limpia y transparente y Marinieves sabía que tenía que obedecerla. Si había nacido para algo era para adoptar a Désire.

Al fin lo consiguió. La ayudaron más sus amigos y compañeros que su propia familia. Su padre y su madre se enfadaron con ella porque había echado por la borda la posibilidad de un buen matrimonio y, sin serlo realmente, Marinieves se convertía en madre soltera, una vergüenza, una lacra estúpida.

Marinieves soñaba que Désire sería una modelo cotizada o una estrella de cine con ojos azules y piernas larguísimas, su foto saldría en la portada de las revistas más elegantes y todos los periódicos hablarían constantemente de ella, de sus películas, de sus novios guapos y ricos. Otras veces Désire Cuesta se convertía en Désire de la Cuesta o de Cuesta, mejor. Désire de Cuesta sonaba maravillosamente, era un nombre con misterio, con un toque de exotismo, de elegancia, de distinción. Otras veces Marinieves soñaba que Désire de Cuesta era una estrella de la canción, que enamoraba a las multitudes de todos los países, daba conciertos en plazas de toros y grababa discos con Plácido Domingo y Montserrat Caballé y Julio Iglesias, y ella y Désire vivían en Miami o en Londres y tenían mayordomo y chófer.

Cuarenta años después, Désire pesaba ciento veinte kilos, le faltaban varios molares, tenía el pelo ralo y unas cejas tupidas y juntas. Su pasión eran las medicinas, las inyecciones y los supositorios. Había sido expulsada de una escuela y dos colegios por intentar envenenar a una niña y a una maestra y no había superado el graduado escolar. La primera vez que Marinieves la regañó por llegar tarde a casa, se escapó, y la policía la encontró a los diez días totalmente borracha en una estación de cercanías después de haberle robado la mochila a dos chavales excursionistas tras dormirlos con éter. Comía, comía, comía sin tino y sin pausa. Cuando no estaba comiendo se metía por la boca pastillas, laxantes, vitaminas, todo lo que pillaba. Una vez que su madre, Marinieves, sufrió un ataque de ciática —ella ya tenía veintiún años, con una mente de ocho— aplastó cuidadosamente cuarenta pastillas de aspirinas, las mezcló con el polvo de las capsulas de Nolotil, le añadió agua y se lo puso a su madre en inyecciones, una cada cuatro horas, durante veinticuatro. Una vecina, al ver a Marinieves en coma, llamó a una ambulancia. Marinieves nunca se recuperó totalmente. Estuvo diez años como un vegetal, sentada en una silla de ruedas, a merced de Désire —que por cierto, pasó a llamarse en el barrio Desi a secas. Désire le inyectaba el contenido de las ampollas bebibles y le echaba en la sopa y en las judías el Voltarén inyectable. Por las mañanas le echaba el Urbasón en el café con leche.

Desi estuvo veinte años martirizando a la pobre Marinieves —*cuidando*, decía ella en el mercado al que iba cada día a por los alimentos que más le gustaban: morcillas, carne de cerdo, despojos, casquería, repollos y plátanos. Vivían de la pensión de invalidez de Marinieves y de vez en cuando limpiaba —es un decir— alguna casa, tienda u oficina del barrio. Cocinaba todos los alimentos juntos en una olla, a la que añadía sal gorda, salvado, levadura de cerveza, leche de magnesia, fluorcaril en polvo y, según el día y según el estado de ánimo, un par de ampollas de Astenolit. Del mejunje resultante hacía un pequeño puré para su madre y se lo daba en cucharaditas pequeñas. A Marinieves la cambiaba y la lavaba una vez a la semana, los domingos, que no había mercado y podía dedicar la mañana a tan filial menester.

Marinieves no podía mover el cuerpo, no podía hablar, pero sus ojos conservaban un brillo y una fijeza sorprendentes. Seguía a Désire con la mirada. A veces, de madrugada, sus ojos se humedecían y las lágrimas caían por su mejilla. Entonces, Désire se asustaba mucho, se ponía histérica, y para calmarse metía a Marinieves en la bañera y le lavaba la cabeza con la ducha de mano.

Otras veces Marinieves permanecía con los ojos cerrados y apenas un hilo de respiración durante horas o días. Por más que Désire le inyectaba estimulantes, no reaccionaba. Era cuando más bella le parecía a Désire su madre. Los rasgos de la cara de Marinieves adquirían una serenidad grandiosa e irreal. Désire no se cansaba de mirarla, de pasarle un dedo gordo y sucio por las comisuras de los labios, por el dibujo intrincado y perfecto del oído.

Un día llamó a la puerta una chica joven, con vaqueros y un jersey negro de cuello alto y dijo que era asistente social, que tenía que hacer un informe para la Seguridad Social. Désire intentó echarla, pero la chica era testaruda y se metió en el piso hasta la misma cocina. Lo vio todo: la montaña de ropa sucia, las bolsas de basura, las cajas llenas de latas vacías, las jeringuillas, los algodones sucios, las pilas de medicinas. Désire al principio quería explicarle que su madre estaba enferma y ella tenía que ocuparse sola de todo, con una pensión de mierda, pero la chica no la escuchaba. Sacó un teléfono y pidió una ambulancia. Luego marcó otro número y habló con la policía, Désire estaba segura de que era la policía. Cuando la chica estaba inclinada, tomándole el pulso a Marinieves, Désire no pudo evitarlo y le atizó en la cabeza con la batidora. La asistenta social cayó sobre la cama. Désire la miraba sin saber qué hacer. Sentía la boca seca y pastosa y un dolor agudo en el estómago. Necesitaba comer algo. Sus dientes castañeteaban pidiendo algo que masticar. Tenía que comer, comer. Se ahogaba. Abrió el balcón, respiró hondo y casi sin esfuerzo abrazó todo el aire y se lo llevó a la boca. En este último vuelo desde el quinto piso al suelo negro de la calle, por primera vez se sintió, durante un instante, ligera y libre.

La fuerza del sexo

Me di cuenta de que era heterosexual a los trece años. Me gustaba más estar con los hermanos de mis amigas que con mis amigas. También me fijaba en los chicos mayores que subían y bajaban del autobús. Cada vez que entraba uno que me gustaba, me ponía derechita en el asiento, yo, que siempre iba un poco encorvada para disimular unas estúpidas prominencias que me habían salido por delante de la noche a la mañana, que se movían solas y saltaban cada vez que corría.

Había un hombre que subía siempre en la parada de Diego de León del 61 que me hacía hervir la sangre y latir el corazón de manera vergonzosa. Era alto, moreno y se parecía a Brad Pitt, que era lo más de lo más en aquella época.

A las chicas de mi clase las ponía como una moto Madonna o Alaska. La rara de Estela incluso bebía los vientos por Julia Roberts. Pero en general, la que arrasaba de verdad era Rosy de Palma, que era el modelo de lo sexy y la belleza corporal. A mí, ya digo, todas ésas me dejaban indiferente. Quien me gustaba era Brad Pitt, pero naturalmente lo ocultaba, y ni se me ocurría contárselo a ninguna de mis amigas más o menos íntimas ni a nadie de mi familia, menos aún. Para que no se mosquearan fingía que me encantaba Sigourney Weaver y tenía un *poster* suyo y de un gorila en mi cuarto. El bicho me molaba mucho más que ella, a la que encontraba repugnante.

El hombre que subía siempre en Diego de León debía de tener casi treinta años, o sea, era mayorcísimo. Nunca me miraba. Él miraba al conductor, que solía ser siempre el mismo, un tipo gordo con una barriga enorme que se desparramaba sobre el volante.

Pero un día se sentó a mi lado y yo creí que me daba algo. Olía a sudor recocido con un toque sublime de cebolla rancia y una sospecha de ajo frito mal digerido que me enloquecía. Pero el tío, en lugar de mirarme a mí, que llevaba una mini de charol por medio muslo, no hacía más que mirar a un quinceañero que estaba sentado al otro lado del pasillo y que llevaba botas de atravesar la selva andando y unos shorts llenos de bolsillos y cremalleras, rubio de frasco, y tenía el labio inferior colgante, una nariz malva llena de granos colorados y goteaba saliva.

A los diecisiete decidí liarme la manta a la cabeza y

un día entré en un bar de ambiente hetero que yo había oído que existía por Pueblo Nuevo. Cielo santo, nunca hubiera imaginado lo que encontré allí: hombres y mujeres de todas clases, edades y condiciones dándose el lote tranquilamente en pareja, chico y chica, sin disimulos, completamente liberados y sin complejos, riendo y pasándolo bomba. Primero se me acercó un hombre, sonriente, pero que se parecía mucho a mi padre y no me gustaba nada, la verdad. Pero luego vino un chaval de mi edad que estaba como un tren y me miraba insistentemente los bultos pectorales. Se llamaba Víctor y tenía una sonrisa maravillosa y una manera de hablar que me hacía cosquillas: me llamaba «cesto» y «trasto» y eso me ponía a mil por hora. En el sótano donde estaban los lavabos me la dejé meter, y la verdad es que casi me muero de la impresión, la emoción y el dolor, porque yo aún era virgo y no sólo de signo astrológico.

Luego, Víctor me llevó a casa y estuvimos dos o tres horas en un banco de la calle solitaria dándonos besazos y charlando y contándonos películas y series de televisión que habíamos visto.

Mis padres estaban muy mosqueados porque Víctor me llamaba por teléfono casi todos los días y nos pasábamos horas hablando y diciéndonos tonterías que ellas no entendían porque hablábamos en clave. Yo seguía saliendo con mis amigas, para disimular, pero me pasaba casi todo el tiempo con Víctor. Íbamos a bares y sitios en las afueras especiales para parejas hetero, y yo nunca hubiera podido imaginarme la cantidad de antros que hay en la ciudad de este ambiente.

Mi madre un día me preguntó directamente:

—Rebeca, dime la verdad: a ti te gustan los hombres. A mí me lo puedes decir, bonita, porque yo soy muy liberal y no tengo prejuicios para nada. Pero quiero saber, porque además tu padre me da bastante la tabarra y ya sabes lo intransigente que es.

—Pues francamente, mamá, si quieres que te diga la verdad, sí, creo que soy heterosexual y me gustan los tíos un montón. Siento que sea así, mamá, pero no lo puedo remediar y, yo, desde luego, lo tengo asumido y espero que vosotras seáis lo suficientemente comprensivos para asumirlo también.

Mi madre empezó a gimotear:

—Lo sabía, lo sabía. El otro día, justamente, tu padre me dijo que estaba un poco preocupado porque no veía que tuvieras interés por ninguna chica ni ninguna relación estable con ninguna amiga. Tu padre, Manolita, está obsesionado con tener un nieto de probeta o por inseminación artificial. Se le ha antojado que sea chino, fíjate, y es que con los años Manolita cada vez está más rara y caprichosa.

—Mamá, entre tú y yo, papá es una gilipollas. Pudiendo tener un hijo follando, es una memez tenerlos por inseminación.

—Pero reconocerás, Rebeca, que te va a resultar difícil follar con un chino.

—Hay chinos a punta pala, te diré, en Valladolid. Pero el problema no es ése, es que para follar con un tío te tiene que gustar.

—Hija, no me cuentes detalles, en serio. Que bastante tengo con lo que tengo. Tu padre sólo quiere lo mejor para ti.

—Mentira, a ella sólo le importa el qué dirán y lo que piensen los vecinos y los compañeros de trabajo.

Yo le importo una puta mierda. A Manolita sólo le preocupa mi hermano Jonathan, que vive con ese ser repugnante que es Josemi, pero a Manolita le encanta.

Mi madre había dejado de lloriquear y se estaba bebiendo una cerveza.

—¿Por qué no me lo cuentas todo, eh?

—Qué quieres que te cuente, mamá. No sé, son cosas muy íntimas y a lo mejor no lo vas a entender: me gustan los hombres, y de los hombres me gusta casi todo, su piel, su olor, su voz.

—Y ¿te gustan más los peludos o los lisos?

—Mamá, por favor.

—Te voy a confesar una cosa, pero no se lo dirás nunca a tu padre, júramelo, Rebeca.

—Lo juro.

—Bien, pues aunque te parezca mentira, yo también hice mis pinitos en la heterosexualidad, ¿sabes? Tuve un asunto con un compañero de trabajo cuando estaba de cajera en Pryca, que luego me sustituyeron por un robot. Bueno, pues había un tío que colocaba los precios en las latas que tenía unos brazos llenos de pelos negros (antes te preguntaba porque a mí me molaban los peludos) y unas manos grandes y una melena negra y unos dientes blancos que me hacían perder la cabeza y me incendiaban los bajos. Yo a él le gustaba también. Así que un día pasó lo que tenía que pasar, y fue increíble. Lo malo es que se enteró todo el mundo y fue un bochorno espantoso porque él estaba casado con un jefecillo, y me cambiaron de centro y me mandaron a la otra punta de la provincia. Y no me acusaron de acoso sexual en el trabajo porque la verdad es que se portó bien y dijo que había sido él y no yo quien había hecho los avances. Por eso digo, Rebeca, que te entiendo, sé cómo te sientes, bonita. Y que conste que aunque yo soy muy feliz con Manuela, tu padre, pues que te quiero igual y te voy a defender si tú eres feliz con un hombre o con varios.

—Gracias, mamá. Sabía que me entenderías. Eres un sol.

—Hace poco vi en la tele un programa en el que estaban chicos y chicas heteros con sus padres que contaban sus experiencias y creo que hay una asociación de heterosexuales y de padres de heterosexuales que se reúnen para darse apoyo moral y resolver problemas sicológicos y eso. Fíjate si tenía yo la mosca detrás de la oreja que apunté el teléfono por si acaso, pero yo tenía una intuición o algo. De todas maneras, ya sabes que yo apunto todos los teléfonos que dan en la tele, lo debo tener por aquí.

Mi madre cogió un cuaderno y empezó a pasar hojas,

—A ver: Contra el alzheimer, alcoholismo... piernas perfectas... pladur sin obras... sordomudos... defensa del oso pardo... el Club del Ajo... los que no soportan la televisión... catarros... aquí está: Centro para la Rehabilitación de Heterosexuales.

—Pero mamá, yo no quiero que me rehabiliten. Pienso ser heterosexual toda la vida. Lo tengo perfectamente asumido. Ya te lo he dicho.

—No, no. Perdona, este es otro. Mira: Asociación de Heterosexuales de España Duques de Lugo, creo que han hecho mucho por promover la no discriminación de la heterosexualidad y está muy bien.

—Bueno, mira, mami, yo lo que quiero es vivir

tranquila con Víctor o con quien sea y dejarme de historias.

—Pero hijita, tú no tienes ni idea de lo que vas a sufrir en este mundo de hoy siendo abiertamente heterosexual. Vamos, te harán el vacío en muchos sitios y tendréis que ocultaros y disimular constantemente. Sin contar con que a ver cómo se lo digo yo a Manolita, con lo lesbianota que ella es y las ideas fijas que tiene.

—Ese es tu problema, a mí me trae sin cuidado. Si Manolita lo acepta bien y si no, adiós, bye, bye.

—Eso lo dices ahora que eres joven, pero cuando madures un poco, ya verás. He visto parejas de heterosexuales mayores y es lo más patético que existe. Y el tema de los hijos, ¿cómo pensáis resolverlo?

—Follando, es sencillo.

—Calla, qué aberración. ¿Y cómo los vais a educar? ¿Para que sean heterosexuales? Fíjate qué cosa más chocante, niños que crecen viendo a un hombre y a una mujer en la casa. Me tiemblan las piernas sólo de pensarlo, Rebeca.

—Pues no pienses, mamá. Acéptame como soy y no pienses.

—Sí, hija, sí. Tienes toda la razón. Al fin y al cabo eres mi hija, aunque seas heterosexual, qué se le va a hacer, tendré que comerme el complejo de culpa, Dios mío, ¿en qué fallé yo?, ¿qué es lo que hice mal?, ¿qué error cometí sin darme cuenta?

—Mamá, por favor, no empieces.

Cuando Dios creó a la mujer, debía estar de broma

Cuando el optalidón se vendía normalmente en las farmacias, la vida era sencilla para Esther.

Se levantaba cada mañana a las siete y cuarto, antes de que sonara el despertador de su marido Aurelio. En el baño se lavaba la cara y los sobacos, se lavaba los dientes y se enjuagaba la boca con Listerine. El fuerte sabor metálico y agridulce terminaba de despejarla y la ponía en órbita. Se cepillaba con energía el pelo corto y algo canoso, aunque no excesivamente para sus cuarenta y tres cumplidos. Si la noche anterior había hecho el amor con Aurelio se lavaba los bajos en el bidet, pero eso sucedía cada vez con menos frecuencia, por fortuna, y además, dado que tardaba mucho en dormirse últimamente, casi siempre prefería lavarse nada más fornicar con su marido, mientras él roncaba aparatosamente.

Luego se ponía pantis limpios, el sostén cómodo que se caía ya a pedazos, la falda de lana azul con cremallera atrás y el jersey también azul pero un poco más clarito con hombreras algo grandes, pero que la hacían parecer un poco más alta. Luego cogía de la repisa los pendientes de oro, dos arillos pequeños, y se los metía por el agujero del lóbulo de la oreja. En la muñeca izquierda se ponía el reloj y la pulsera de cobre antidolores reumáticos. Y por último, Esther se aplicaba en la cara, con pequeños golpecitos, la crema hidratante, antiarrugas, nutritiva, con efecto liposomas. Salía del baño y se iba rápidamente a la cocina.

Antes de echar el agua y el café en la cafetera, se tomaba un optalidón. Al pasar por la garganta, la pastilla de color naranja dejaba un sabor dulzón en la base del paladar. Ese rastro de sabor, apenas perceptible, la unía a la vida, al mundo, a la realidad. Con diligencia y hasta cierta alegría iba colocando en la mesa de la cocina los servicios del desayuno familiar: taza grande para el café con leche de Aurelio, tazón para el colacao de Lito y vaso ancho para la leche de Juanito. Sacaba los donuts y las magdalenas de las cajas y los ponía en una fuente en el centro de la mesa. Servilletas de papel, cucharas y a calentar la leche.

Indefectiblemente sonaba el despertador. Y a pesar de ello, el sonido insistente e inconexo, repetitivo y un tanto histérico, la sobresaltaba casi siempre. Luego oía la tos ronca y flemosa de Aurelio, el portazo de la puerta del baño, y el quejido de la cafetera eléctrica anunciando el final de su trabajo, que era destilar café.

—¡¡Mamáaa!!

También fatídicamente repetida la llamada de Lito para que su madre le ayudara a vestirse, a lavarse y a enfrentarse al mundo real. Lito tenía trece años, pero aún era un niño, cosa que preocupaba bastante a Aurelio: yo a su edad ya tenía pelos por todas partes y voz de tío, me desayunaba con anís y me había tirado a mi prima Sole varias veces.

Durante el desayuno venían las quejas, los reproches, los caprichos, los plantes, las exigencias, las amenazas.

—Lito, tómate el colacao, que llegas tarde al colegio.

—No me da la gana, no quiero ir al colegio.

—Como no te tomes el colacao te lo tiro por la cabeza y te arreo dos hostias.

—Aurelio, no empieces, que no son maneras con el niño.

—Este niño está amariconao, te lo digo yo. No he encontrado mis botas, ¿dónde están?

—Las llevé al zapatero a que pusiera tapas nuevas, estaban gastadas. Me dijo que estarán mañana.

—Pues hoy tengo que hacer un porte para la fábrica y las necesitaba. Tengo que ir a Toledo, recoger la mercancía y traerla, o sea, que llegaré tarde.

—Y dónde vas a cenar.

—Cenaré con Emilio, por ahí, en cualquier sitio.

—Y anoche dónde estuviste. Lito te estuvo esperando para que le ayudaras a hacer los deberes.

—Tuvimos que hacer un porte en Tarancón. Y luego nos pilló un atasco. Y lo de los deberes es asunto tuyo. Ya quedamos en eso. Me cago en Dios, se me ha acabao el tabaco, Lito baja al bar y súbeme un paquete de Ducados, tío.

—Que no va a bajar a nada, Aurelio, que el niño tiene que ir al colegio.

—Pero si es un minuto, qué coño. No me lleves la contraria, Esther, que me cabreo de verdad.

—Bajo yo, Aurelio. El niño es menor y no le dan el tabaco.

—Ves como eres gilipollas. Lo estás amariconando, no le van a dar tabaco, me cago en la madre que... anda, déjalo, voy yo. Es que esto es la releche, no dais golpe, el único que curra aquí soy yo y encima me tratáis como una basura, me cago en la leche que os han dao...

Tras el portazo, el silencio. Un silencio abrumador. Nada que ver con los desayunos de las series que salen en la tele.

Esther se sienta en la silla de Aurelio, aún caliente.

—Papá se ha cabreado y la culpa es tuya, porque yo podía bajar a subirle el Ducados.

—A ver si soy yo la que te atiza ahora. Venga, lárgate al cole.

—No me grites, tengo que acabar el colacao.

Esther se levanta y se toma otro optalidón.

—¿Para qué es esa pastilla que tomas?

—Para la tensión.

—Yo quiero una.

—¡Vete al colegio, Lito! ¿No te estabas yendo? ¿O prefieres que te lleve yo de una oreja?

Después venía la brega con Juanito, pero eso era

sencillo y hasta gratificante. Juanito era un niño alegre, sonriente y cariñoso. Le gustaba que lo besaran y lo achucharan y se reía por todo. Tenía unos ojitos marrones sonrientes. No hablaba ni oía. Se comunicaba con el tacto. Emitía sonidos extraños y su risa era también rara. El silencio que rodeaba y envolvía a Esther cuando estaba con Juanito le producía inquietud y desasosiego.

Lo lavaba, lo vestía, le daba de desayunar y lo llevaba al centro especializado. Cada día Esther bendecía la suerte de que el centro lo hubiera aceptado por muy poco dinero y que estuviera además tan cerca de casa. Esther, a cambio, limpiaba por las tardes.

Esther se dio cuenta de que Juanito era sordomudo casi desde que nació. Fue un bebé sano y hermoso, poco llorón y muy dormilón. Pero no oía las voces ni los ruidos. Primero fue una sospecha y, a los seis meses, la horrible certidumbre. El viacrucis de médicos y especialistas, las pruebas interminables. La falta de esperanzas y la dificultad para entender la situación. Aurelio no se cortaba un pelo en decir, asegurar y jurar que hubiera sido mejor que no hubiera nacido o que hubiera nacido muerto. Incluso sobrio, juraba que de haberlo sabido antes lo hubiera ahogado con sus propias manos nada más nacer. Los primeros cuatro años fueron terribles, porque Aurelio bebía como una cuba, no estaba nunca en casa y cuando estaba era agresivo. Esther se temía que algún día matara de verdad a Juanito en plena borrachera. Aurelio le echaba la culpa de la tara de Juanito, pero ella sabía que Aurelio se sentía más culpable aún que ella misma. Una hermana de Aurelio —eran cuatro— era mongólica y murió a los dieciocho años. Un tío suyo era epiléptico y su propio padre había tenido toda su vida brotes de locura hasta que murió tirándose a un pozo seco.

Esther nunca se atrevió a preguntarle a los médicos si podía haber sido por el optalidón. Llevaba más de ocho años tomando cinco, seis, siete pastillas diarias. Aunque su vecina y amiga Concha tomaba diez al día y tuvo una niña preciosa y perfectamente normal un poco después de que naciera Juanito. Concha fue la que le aconsejó a Esther el optalidón. A ella se lo había recomendado un médico para el dolor menstrual. Era bueno para todo y si se vendía en farmacias libremente, y lo recomendaba el médico... no podía ser malo. Claro que, lo bueno, bueno de verdad, lo que te ponía como una moto era el Bustaid. El día te daba para hacer mil cosas, nada te daba pereza, pintar la casa, arreglar una silla, hacer un vestido con patrones de *Burda*, cocinar postres, lavar, planchar, visitar a la familia. Y efectivamente comías cualquier cosilla y no tenías hambre nunca. Y adelgazabas con una rapidez increíble y te sentías fantástica, llena de energía. Nunca tenías sueño, ni te daba pereza ir al cine de noche o acostarte a las tantas para terminar un jersey para Lito o arreglar los pantalones de Aurelio.

Dejaron de tomar Bustaid porque Concha se desmayaba a menudo y un día se cayó redonda en la calle, se golpeó la cabeza con el bordillo y a punto estuvo de desnucarse. Pero aún peor fue que en el hospital descubrieron que tenía anemia perniciosa y tuvo que estar internada dos meses, y la tira de tiempo en tratamiento intensivo. Y encima con una depresión y unas ganas de no hacer nada y una tristeza espantosas. Los médicos decían que todo se debía a la anemia.

Pero Esther sospechaba que todo había sido culpa del Bustaid. Por eso cuando a Concha le pasó lo que le pasó, se asustó mucho y dejó de tomar las pastillas. Temía que la tristeza, el cansancio constante, la incapacidad para hacer cosas, incluso para pensar, fueran consecuencia de las malditas pastillas o de la ausencia de ellas. Y no es que Esther pensara mucho, pero cuando una se queda mirando la lavadora y no puede recordar qué es lo que hay que hacer para ponerla en marcha, empiezas a preocuparte.

Un día acompañó a Concha al médico porque Concha tenía jaquecas y además creía que estaba embarazada despues de dos faltas. El médico le recomendó que tomara optalidón para las jaquecas, y de paso le dijo que no se preocupara, que no estaba preñada, y que sólo tenía un desarreglo hormonal pasajero. Pocas semanas después Concha se fue a vivir a otra ciudad, en el norte, porque a su marido, que era dependiente de grandes almacenes, lo habían trasladado de jefe de sección con mejor sueldo. Esther empezó a tomar optalidón también y, aunque a ella rara vez le dolía la cabeza y tenía un período que casi ni se enteraba, empezó a sentirse mejor, más animada y más dispuesta. Incluso había días que se encontraba de muy buen humor y contenta y luego, por la noche, le hacía caricias a Aurelio en la cama y éste, refunfuñando, le echaba un polvo como se lo podía haber echado a cualquier desconocida, pero sin el menor interés y sin el menor afecto. Pero con Aurelio siempre había sido así.

Los meses que estuvo tan deprimida y desganada

fingía que le dolía la cabeza o que estaba cansada o no se encontraba bien cada vez que Aurelio hacía un avance, y la verdad es que a Aurelio le traía sin cuidado. No insistía, ni intentaba convencerla ni nada, con lo que Esther se quedaba por un lado aliviada y por otro chafada. Desde que nació Juanito sólo lo habían hecho un par de veces, y él siempre estaba como una cuba, con lo que tardaba un montón en acabar y era un coñazo.

El tercer optalidón del día solía caer a la hora de comer. Ya había hecho la casa, había ido a la compra, había hecho la comida para Lito —Aurelio comía siempre en algún restorán barato al lado del taller—, para Juanito y para ella. Generalmente sopa, pasta o filete con patatas fritas o alguna verdura. Después fregaba los platos y se hacía un nescafé, y le entraba como un sopor por todo el cuerpo y unas ganas de mandarlo todo a la mierda espantosas. Lito volvía al taller con su padre o a la tienda de su tío, que tenía un negocio de repuestos de automóviles a cuatro manzanas. Esther y Juanito iban al centro especial para sordomudos, que estaba a unos cientos de metros, en un primer piso encima del estanco. Era pavoroso el silencio que reinaba en aquella casa con más de treinta niños entre los seis y los diez años, aunque había alguno mayor que ayudaba a Ernesto y a Cándida, un matrimonio de sordomudos que había conseguido dinero de la Comunidad y de Educación para instalar el centro. La única voz que se oía era la de Susana, una siquiatra joven, que ayudaba también a la educación de los chavales, que tenía acento argentino y solía hablar fuerte y alto para que los niños la entendieran o para pedirle cosas a Esther.

La ventaja que tenía Esther es que podía pasar la aspiradora, o cantar mientras pasaba la fregona, porque ni a los niños ni a Ernesto ni a Cándida les molestaba el ruido. A nadie le molestaba tampoco el ruido de la calle, con un tráfico infernal, los pitos de los coches y las motos.

Esther se sentía bien allí, sabiendo que Juanito estaba en buenas manos, querido y atendido, en un mundo de silencio, un mundo de gestos y de tactos. En tres años, Juanito había aprendido a leer y escribir. Y la verdad es que crecía encantador y cariñoso y era más bueno que el pan.

A las ocho, volvían los dos a casa. Juanito se ponía a leer o a pintar en un cuaderno y a hacer deberes. Lito llegaba también hacia esa hora, unas veces con su padre y otras veces solo o con algún amigo. Se metía en su cuarto, decía que para hacer los deberes, pero Esther sabía que era para escuchar música, poner la radio o mirar revistas porno que traía en la mochila y hacerse una gallarda.

Luego le daba la cena a los niños y le entraba el muermo otra vez. Si estaba Aurelio, porque volvían de nuevo los reproches, la sopa está sosa, a ver si te acuerdas de pagar el recibo del gas mañana, este niño es un caprichoso amariconao, estas Navidades no vamos al pueblo, tengo que currar, tengo que pagar las letras de *tu* lavadora nueva y en Navidad hay mucho curre, mi hermana me ha dicho que no has querido prestarle la trituradora, la tienes tomada con mi hermana que es una santa, etc., etc. Si no estaba Aurelio, el silencio y la tristeza la abrazaban hasta hacerla llorar. Así que se tomaba el cuarto optalidón, y si lo acompañaba con un nescafé con leche, le hacía más efecto. Después de cenar, veía la tele un rato con los niños. Juanito se quedaba dormido enseguida, con la cabeza apoyada en sus rodillas, y Lito y ella discutían por el programa que querían ver. Nunca se ponían de acuerdo y siempre ganaba Lito, porque a Esther le aburría discutir con un niño de trece años. De la tele, sólo le gustaban de verdad las películas, aunque muchas no las entendía muy bien, pero se fijaba en cómo iban vestidas y peinadas las actrices y los muebles que había en las casas y en las cocinas. A Lito le gustaban los deportes y los programas de niñas que se escapaban de casa y aparecían violadas y estranguladas en una cuneta.

Cuando Aurelio no venía a cenar solía llegar a casa como a las doce y media o la una. De lejos, se notaba que había bebido, nunca la miraba a los ojos e iba derecho al dormitorio a acostarse. Desde el baño solía pedirle a Esther que le llevara un vaso de agua. Luego, sin decir nada, se acostaba y se dormía inmediatamente. Si Esther quería decirle algo, tenía que estar alerta y abordarle en el momento en que Aurelio entraba por la puerta. Si no, era esfuerzo inútil intentar despertar a Aurelio o entablar conversación con él. No era humano hasta el día siguiente, cuando sonaba el despertador.

Un mal día, Esther fue a la farmacia a comprar su optalidón, aspirinas infantiles, mercurocromo y un jarabe para la tos, y el farmacéutico le anunció que habían retirado el optalidón. Se quedó tan sorprendida que no fue capaz de preguntar por qué o pedir otra cosa similar. En otra farmacia, una manceba le contó con la voz cansina del que repite algo por enésima vez: la fórmula del optalidón, por contener barbitúricos, ha sido considerada peligrosa para la salud por el Ministerio de Sanidad.

Esther se recorrió todas las farmacias del barrio, incluso otras de otros barrios, y en todas le dieron la misma respuesta y la misma explicación.

Había oído hablar en la televisión y en la radio de los estragos que la heroína y la cocaína estaban haciendo en la juventud de ciertos barrios. Sabía que había chavales que se drogaban y se pinchaban no lejos de su casa, el hijo del dueño del bar El Farolillo, que estaba al lado de su portal, traía locos a sus padres con el tema de la droga. Pero nunca había oído nada sobre el optalidón. Y por una extraña timidez mezclada con culpa, no se atrevía a comentarlo con la portera ni con su cuñada ni con Merche, la de la frutería, que era bastante amiga suya.

Al día siguiente se despertó como siempre antes de que sonara el despertador. Se aseó, se vistió y buscó por toda la casa por si había alguna pastilla olvidada en el fondo de un cajón o en los bolsillos de las chaquetas y abrigos, en los bolsos, en el carrito de la compra, en los armarios de la cocina, en los paquetes de legumbres, debajo de los muebles, en los táper de la nevera, en los cubitos de hielo. Sacó la ropa de verano, perfectamente almacenada en lo alto del armario del pasillo y la examinó cuidadosamente pliegue a pliegue, bolsillo a bolsillo. Nada.

El optalidón había desaparecido de la faz de la tierra. No existía. Se había evaporado sin dejar rastro, como los dinosaurios. Esa mañana el desayuno no estaba listo cuando llegaron a la cocina Aurelio y Lito.

—¿Qué ha pasado? —preguntó Aurelio asombrado al ver la casa patas arriba.

—Nada, se me ha perdido una cosa y no la encuentro.

—¿Y no puedes buscarla luego? Estamos sin desayunar el niño y yo.

—Hoy no hay desayuno. Bajaros al bar y desayunar allí.

—Tú estás mal de la cabeza. ¿Qué se te ha perdido?

—Un billete de mil duros se me ha perdido.

—Sigue buscando hasta que lo encuentres, porque como hayas perdido mil duros, con lo que me cuesta ganarlo, es el último que has visto ¿me oyes Esther? Anda niño, vámonos abajo a desayunar.

Después lloró histéricamente mientras colocaba todo de nuevo en su sitio. Estuvo todo el día soñolienta y de mal humor, se peleó con la siquiatra porque ésta le dijo que no le moviera los papeles de la mesa. Le contestó mal y se fue a llorar a la cocina. Allí rompió adrede una taza de café arrojándola al suelo, con toda la mala leche que cabía en su cuerpo.

No había hecho la compra, ni había planchado, ni había pasado la aspiradora. Para dar de cenar a los niños, tiraba de latas que tenía acumuladas en el armario despensa. Se pasaba las mañanas en casa buscando, ya sin fe, alguna olvidada pastilla. La ropa rota no la cosía, la tiraba a la basura directamente. La sucia la acumulaba en la cubeta de la lavadora hasta que rebosaba. A pesar del frío de noviembre andaba sin pantis porque los dos o tres que tenía se le habían ido rompiendo y prefería ir con las piernas desnudas a llevar carreras y agujeros.

Limpiaba el centro deprisa y corriendo, deseando acabar, por encima, con lo pulcra que había sido siempre ella, que limpiaba todo a fondo, consciente de que lo que tiene que ver con los niños necesita una higiene auténtica y especial. Pero se cansaba, estaba desinteresada, desmotivada, y Esther lo único que quería era terminar cuanto antes para sentarse en una silla de la cocina a pensar en lo desgraciada que era y a esperar a que Juanito terminara sus clases y marcharse los dos a casa.

Había empezado a fumar, Ducados, lo más barato y lo más fuerte y para que Aurelio no notara olores extraños. Aunque de todas maneras, Aurelio cada vez notaba menos cosas. Podía decirse que ya ni notaba que ella y los niños existían. Ni siquiera los fines de semana estaba con ellos. Siempre tenía un porte que hacer o un problema que arreglar fuera de la ciudad. Así que ella iba sola en metro y en autobús con los críos a visitar a la madre de Aurelio y a aguantar a la hermana Concha, que era una cursi de tomo y lomo: no se bajaba nunca de sus tacones, como si eso fuera a hacerla parecer más alta o menos rechoncha, y llevaba hombreras incluso en el delantal. Y se pasaba toda la comida criticándola: Esther, deberías depilarte a la cera el bigote, Esther, hazte la permanente, Esther, cómo no te pones de vez en cuando un collar o un colgante, Esther, tienes que darle a Lito vitaminas, tiene blanco el rojo de los ojos, Esther, cómo es que Juanito no adelanta nada en ese centro donde lo llevas, qué pena Dios mío, un niño sordomudo.

Había empezado a beber alcohol también. Primero tímidamente, un traguito del vino de garrafa para cocinar, a ver cómo sabía, luego ya se compraba un vino un poco más caro y bebía en el baño, porque guardaba la botella en el cesto de la ropa sucia. Aurelio nunca metía la muda en el cesto, siempre la dejaba en el suelo, así que era un lugar secreto. El vinillo la hacía sentirse bien, menos deprimida, más alegre y también más animosa. En el centro escondía la botella en el armario de la limpieza. Pero no era un lugar seguro en absoluto, porque una tarde, la siquiatra, Susana, entró en la cocina y se dirigió directamente al armario a por la escoba, había roto su taza de café, era una torpe de mucho cuidado, todo se le caía de las manos. Menos mal que en ese momento Esther estaba allí, terminando de recoger y pudo evitar que Susana metiera las narices en el armario de la limpieza. Así que a partir de ese día, trasvasaba el vino a una botella vacía de lejía, así nadie se atrevía a tocarla.

También había empezado a comer a todas horas. Le aburría comer con los niños, Aurelio apenas comía o cenaba en casa últimamente. Así que pasaba el día picoteando, bocatas, patatas fritas, barras de chocolate, cosas así. Poco después de desaparecer de su vida el optalidón, se le retiró la regla. A la primera falta se aterró y pensó que podía estar embarazada.

Bajó como una flecha a la farmacia a comprar un predictor. Cuando subía de vuelta en el ascensor, se dio cuenta de que hacía más de tres meses, desde Navidad y estábamos ya en primavera, que no había follado con Aurelio. Una noche que había visto una película muy subida de tono en la tele se había hecho una paja, pero nadie se había quedado nunca preñada por eso. De todas maneras hizo la prueba del predictor, y salió limpia, claro. La volvió a hacer al día siguiente por si acaso y porque sentía como una pequeña emoción mientras esperaba el cambio de color, y eso le gustaba. El recuerdo de haber experimentado una emoción, por pequeña que fuera, se perdía en la noche de los tiempos. Se hizo el predictor una tercera vez, pero entonces se imaginó la verdad: se le había retirado el período directamente. Ya está, no había ningún misterio.

Aurelio cada vez estaba más ausente. Y a ella cada vez le importaba menos. Se había acostumbrado a su ausencia constante.

Alguna vez que Aurelio llegaba pronto a casa por la noche, Esther se sentía molesta e incómoda. Para enfrentarse con los habituales reproches y críticas, iba al baño y se metía un lingotazo de vino, y se sentía mejor, incluso le hacían gracia las bromas de su marido.

—Juanito, cabrón, hijo de puta, ¿has catado los melones? ¡Tócame los cojones! —solía decir Aurelio en plan de hacer risas a su hijo.

—Aurelio, por Dios, qué cosas le dices al niño —decía Esther fregando la sarten de freír las sardinas.

—Pero si es sordo, no sabe lo que digo. Mira cómo se ríe el cabrón, cabroncete...

—Lo entiende todo, para que sepas. Luego va y repite todas esas guarradas en el centro y me regañan a mí, creen que se las he enseñado yo.

Aurelio siempre dejaba el dinero para la casa debajo de la caja de las galletas. No fallaba. En las tiendas del barrio había oído a las mujeres protestar porque sus maridos se hacían los muertos a la hora de apoquinar. Ella no tenía queja, en los últimos tiempos, Aurelio incluso dejaba más de lo que hubiera sido razonable. Sin fallar una vez. Y eso le hacía pensar que Aurelio era un buen tipo y un padre responsable, y se sentía culpable.

A los dieciséis años, Lito dijo que no quería seguir

estudiando y que iba a empezar a trabajar en el taller de coches de su tío. Aurelio le dio dos hostias, esa noche estaba trompa de verdad. Lito agarró un cuchillo cebollero y le dijo a su padre que era un mierda y que lo iba a rajar de arriba abajo. Aurelio sacó un paquete de Ducados y le ofreció un cigarro a su hijo, Lito tiró el cuchillo, cogió un pitillo y volvió a sentarse a la mesa.

—Ahora ya eres un tío con toda la barba, así que puedes hacer todo lo que te salga del nabo, so cabrón —le dijo Aurelio.

Del susto que había pasado, Esther se fue al baño y se echó al coleto media botella de vino. La visión de su hijo con el cuchillo en la mano, la silla en el suelo y, sobre todo, la expresión de admiración que había en los ojos de Aurelio, la habían puesto al borde del pánico. Tenía ganas de gritar pero no podía ni respirar. Se miró en el espejo antes de salir del cuarto de baño. Había engordado, su cara parecía un pan de pueblo, los ojos se hundían en un montón de carne. Ah, si tuviera un optalidón a mano, todo sería diferente, su vida sería otra cosa, algo controlado, estable y tranquilizador.

Un día, apareció en su casa la hermana de Aurelio. Hacía tiempo que no sabía nada de ella. Concha iba arregladísima, con una chaqueta de cuadros y unas hombreras como de aquí a Lima. La gran boca pintada de rojo brillante y perfectamente perfilada con un lápiz un poco más oscuro, y unos tacones que daban vértigo y resonaban en el gres de la cocina.

—Pasábamos por aquí y me dije, voy a ver a la Esther cómo va, que hace mucho que no la he visto.

—Quieres un café o algo.

—Prefiero una cerveza.

Es la moda, la cerveza, como llevar cosas con iniciales o jerseys con bordados de pedrería. A Esther, sin embargo, la cerveza no le hacía nada, la hinchaba y no le hacía ningún efecto.

—¿Qué tal Juanito?

—Bien, muy bien. Suele estar aquí por la mañana, pero hoy ha ido al centro a ensayar, están preparando una función de fin de curso.

—¿Qué función será ésa? Todos son sordomudos ¿no?

—Sí, pero bailan, tocan instrumentos y hacen una obra de mimo, ya sabes, sin palabras.

—Ay, desde luego, qué desgracia, y hay que ver lo bien que lo llevas tú. Nunca jamás te he oído ninguna queja...

—Juanito es muy inteligente, mucho más que Lito y que yo y que...

—Y que mi hermano, no te cortes. Si yo lo sé. Vaya si lo sé.

A Esther le sorprendió de repente que su cuñada Concha se pareciera una barbaridad a la que salía en la tele por las mañanas, María Teresa no sé cuantos, nunca se había dado cuenta hasta esa mañana, quizá porque ahora Concha tenía una voz rara, hablaba de otra manera, como más redicha.

—Si quieres que te diga la verdad, de eso he venido a hablarte, de Aurelio. A pesar de que no nos hemos llevado siempre demasiado bien, pues también es verdad que no tengo nada en contra tuya, ni muchísimo menos. Y el caso es que, bueno, pues verás, a ver cómo te lo digo, el caso es que así están las cosas.

A Esther le costaba seguir lo que decía Concha. Veía las hombreras enormes, los labios bermellón que se movían y el tacón altísimo colgando, porque Concha había cruzado una pierna sobre la otra y movía el pie que bailaba en el aire. Esther recordó el sabor dulzón de la pastilla de optalidón al pasar por el fondo del paladar hacia la garganta.

—¿No te importa que me sirva un poco de vino? —dijo Esther levantándose y sacando la botella de la despensa, hacía tiempo que en casa ya no la escondía.

—Huy, hija, cómo me va a importar. Pues como te decía... Bueno, pues, que Aurelio se separa. Como lo oyes.

Esther miraba el fondo de su vaso de duralex que venía con los paquetes de caldo de gallina. Tenía ya más de diez. Dentro de tres o cuatro meses tendría los doce, el juego entero.

—Esther ¿me estás escuchando? Que Aurelio quiere separarse. A ti y a los niños no os va a faltar de nada, naturalmente. Eso lo ha jurado, y la otra está dispuesta a aguantar lo que le echen, porque se quiere casar a toda costa.

Concha descruzó las piernas y apoyó los dos tacones en el gres. De su bolso con iniciales sacó un paquete de Marlboro y un cigarrillo.

—¿Quieres? Claro que tú no fumas.

Esther agarró el cigarrillo.

—Sí, sí. Fumo, de vez en cuando.

Se sirvió un poco más de vino.

—La otra, ¿cómo es?, ¿la conoces tú?

—Menos mal, creía que seguías en la inopia, hija mía. Bueno, pues es mucho más joven que nosotras, yo tengo un año menos que tú. Total, es secretaria de una empresa de transporte y debe tener pues como veintinueve o treinta. Y una niña de un año o así.

—¿De Aurelio?

—No, de otro. Ahí es el drama, que es madre soltera, pero parece ser que ahora está embarazada y ese sí que es de Aurelio, por eso se quiere casar. Yo creía que lo sabías.

Esther volvió a servirse vino. Lo primero en lo que pensó fue en que tendría la cama para ella sola *siempre*. Y el armario de la ropa, y podría desayunar en bata, sin tener que arreglarse y lavarse antes. Tampoco tendría que lavar más calzoncillos ni planchar más pantalones ni camisas. Ni encontrar pelos en el lavabo.

—De manera que así es la cosa, hija mía. Pero tú no te preocupes, porque Aurelio se va a hacer cargo perfectamente de vuestras necesidades, hasta que tú te vuelvas a casar, naturalmente.

Esther asintió con la cabeza. Los fabulosos tacones se acercaban marcando el ritmo de las caderas hacia la nevera. Concha cogió otra cerveza y los tacones volvieron a la mesa.

—Concha, tú que tienes de todo, ¿no tendrás por casualidad...?

—Eso también te quería decir, que puedes pedirme lo que quieras, y si puedo ayudarte, vamos, no lo dudes.

—No tendrás un optalidón.

—Mira Esther, yo sé que esto es duro, sabes, pero tienes que tomártelo, pues como una liberación, qué quieres que te diga. Yo no me he casado nunca por eso, porque a ver quién te garantiza que un hombre no te hace una guarrada después de casarse. Todas mis amigas casadas o les ponen los cuernos o las han abandonado. O sea, que lo de Aurelio es como de familia. O sea, que...

Por fin Concha se fue, taconeando. Se había echado encima la hora de ir al centro. En el camino, Esther pensaba que lo primero que iba a hacer era comprarse unos zapatos con tacón alto aunque sólo fuera para usarlos en casa y sentir el repiqueteo por la cocina, el pasillo, el vestíbulo. Esta noche metería toda la ropa y las cosas de Aurelio en cajas y en bolsas, ordenadito todo, y mañana haría limpieza en los armarios y ordenaría toda su ropa, o mejor, la tiraría y se compraría ropa nueva en las rebajas, y también iría a la peluquería y se pondría a régimen, en serio, había salido uno facilísimo en una revista. Y luego, este verano, se iría en un viaje con Juanito a algún sitio de esos que salen baratísimos en la agencia de la esquina, a algún sitio exótico, con mar, playas. ¿No había dicho Concha que no les faltaría el dinero? Pues a aprovecharlo.

Llegó al centro, y por primera vez en mucho tiempo sentía una especie de cosquilleo en el cuerpo que se parecía mucho al recuerdo que tenía de estar contenta.

Fue derecha al armario de la limpieza, cogió su botella de lejía particular y bebió con avidez casi la mitad. El fuego que abrasó sus entrañas la devoró entera y cayó al suelo antes de poder gritar. La lejía era lejía de verdad.

Mejor sola

De joven me gustaba mucho bailar. De mayor también, pero nadie me ha sacado a bailar en años. Y aunque alguien me sacara a bailar, me negaría en redondo. No hay nada que me parezca tan patético como los viejos moviéndose torpemente como hipopótamos reumáticos. En las bodas, sobre todo, los que más bailan, a veces los únicos que bailan, son los viejos. Los jóvenes en las bodas prefieren hablar o contar chistes sobre los novios, o cantar o hacer el ganso. Todo menos bailar al mismo son que sus padres, tíos y abuelos.

Los viejos en las bodas se escandalizan mucho viendo la poca afición al baile que tienen los jóvenes. Y se dicen unos a otros: «Nosotros sí que sabíamos cómo divertirnos. La prueba es que aún nos divertimos. Nos tienen envidia porque nos ven bailar alegremente, en cambio, ellos, los jóvenes, para poder divertirse necesitan toda una parafernalia de luces, drogas y músicas extravagantes.»

Una mierda. Una polla como una olla. Eso es lo que le contesté a mi hermano Rubén, en la boda de nuestra sobrina Sonia, la hija menor de nuestro otro hermano Germán. Todos los viejos se tiraron a la pista de baile después de haberse puesto morados de comer langostinos y cordero y una tarta dulzona con unas perlitas repugnantes.

—Vamos a marcarnos un pasodoble, hermana —me dijo Rubén—, a enseñarles a éstos cómo se baila.

—Déjame tranquila, yo no bailo, no tengo ganas de hacer el indio.

—Pues de joven bien que te gustaba bailar.

—De joven también me gustaba follar, y ya ves.

—Qué tendrá que ver la magnesia con el tocino.

—Es la magnesia con la gimnasia y la velocidad con el tocino, Rubén.

—No tienes arreglo hermana. No me extraña que estés más sola que la una. Eres una amargada de película.

—Yo no soy una amargada. ¿Sabes por qué? Porque mi marido tuvo el buen gusto de dejarme plantada hace veinte años, así que no tengo que aguantar coñazos, no tengo a nadie que mee fuera de la taza del váter, ni que ocupe la mitad de la cama, ni que me quite el sueño con los ronquidos, ni que me diga que me calle cuando tengo ganas de hablar, ni que se ponga de mala leche cuando no está la cena como a él le gusta, ni que me diga que gasto demasiado dinero en la compra o en lo que me salga de los ovarios, o sea que fíjate lo poco amargada que estoy. Lo que no puede decirse de tu señora, que es mi cuñada. O sea, que déjame en paz y vete a bailar con otra, hermanito.

Y todo ello es cierto. Me casé a los veintiún años. Paco tenía veintitrés. Era el hijo del dueño de la papelería donde yo solía ir a comprar el material de oficina para la empresa de seguros El Día Blanco («Para los días negros, asegúrese en El Día Blanco»), donde trabajaba de taquimecanógrafa, que es como se llamaba en aquella época a las secretarias. El Paco me invitó a ir al cine un día y recuerdo que fuimos a un cine de la calle Fuencarral a ver *La trastienda*, que tenía mucha fama porque salía íntegramente desnuda una actriz que no me acuerdo cómo se llamaba, creo que María José Cantudo o algo así. El caso es que no vimos nada, porque el Paco empezó a meterme mano y nos entró una calentura a los dos impresionante. Salimos del cine corre que te corre, cogimos un taxi a Moncloa y en el parque del Oeste nos pusimos a follar como en la guerra. Menos mal que hacía un frío terrible y no había niños, ni criadas, ni guardas, ni siquiera había hormigas.

Lo único que nos interesaba a Paco y a mí era follar, y no era fácil en aquella época, aunque por lo que pillo que dicen los jóvenes, tampoco ahora es tan sencillo. Sin contar con que por lo menos antes no teníamos que preocuparnos por el maldito sida. Nosotros usábamos el condón, pero era para no quedarme preñada. Ahora es para no quedarse pajarito. El caso es que el condón es el mejor negocio de este siglo.

A los cinco meses de conocernos, al padre de Paco le dio un infarto y se murió. Paco heredó la papelería y una tarde de verano que habíamos ido a darnos el lote a la Casa de Campo, Paco dijo que por qué no nos casábamos, más que nada para poder follar a gusto, que los dos soñábamos con poder follar en la cama, como Dios manda. Podíamos irnos a vivir a casa de su madre viuda, que a ella le haría ilusión tener compañía. Yo le dije que me dejara pensarlo veinticuatro horas, que había visto que lo hacían en las películas que no veíamos cuando íbamos al cine. Y él me dijo qué coño tienes que pensar. Y yo le dije (Dios, en el fondo, tenía instinto) oye, sólo te digo que me dejes pensarlo.

Fui a casa y se lo conté a mi madre, que en ese momento tejía un calcetín con cuatro agujas y las manejaba como si quisiera coger un pájaro que revolotea y mueve las patas. Me ponía muy nerviosa verla tejer con cuatro agujas.

—Madre, Paco me ha pedido que me case con él.

Mi madre me miró por encima de las gafas de ver de cerca, aunque para ver de cerca también miraba por encima de las gafas, nunca supe para qué las utilizaba de verdad.

—Quién es ese Paco.

—Joder, mamá, llevo saliendo cinco meses con Paco y no sabes quién es. No te hagas la tonta.

—¿El de la papelería, que se murió su madre hace poco?

—Ese. Lo has visto mil veces porque ha venido a buscarme a menudo. Y el que se murió es el padre.

—Pues me parece bien que te cases con él, porque habrá heredado el negocio ahora. Y a ti te sentará bien estar casada.

—¿Qué quiere decir que me sentará bien estar casada?

—Pues que así sabrás cómo llevar una casa, administrar tus economías, salir sólo los días de fiesta, tener la casa limpia y ordenada y la ropa lavada y planchada, estar pendiente de las averías, de cuánto se gasta en luz, en teléfono. Todas esas cosas, de las que no te ocupas en esta casa.

Las agujas seguían moviéndose y saltando unas encima de otras. Y yo me estaba poniendo enferma.

—¿Para quién son esos calcetines tan gordos?

—Para tu hermano Rubén, cuando va a la sierra a esquiar.

—Si estamos en verano.

—Pues por eso, hijita, los hago ahora para el invierno.

Estaba tan enfadada con el cinismo de mi madre que se me escapó:

—A lo peor antes de que llegue el invierno Rubén se ha muerto.

Mi madre quiso clavarme las cuatro agujas en el corazón. Menos mal que estaba torpona de las piernas y no me alcanzó, pero la intención era malísima.

Bueno, pues nos casamos al poco tiempo. Y fuimos de luna de miel a Canarias y no vimos nada porque nos pasamos la semana follando en distintas habitaciones de diferentes hoteles en variadas islas. Cuando no estábamos viajando, estábamos follando, en la cama, en el suelo, en la ducha, en la bañera, en la terraza, o comiendo, claro, que eso sí que lo hacíamos también intensamente. Incluso me aficioné al gofio, que es un alimento milagroso.

Pero cuando volvimos a Madrid, en la casa de

Paco, que ahora era la mía, que me resultaba absolutamente extraña, con la bruja de su madre llamando a todas horas: «Paquito, no te olvides de mi chocolate», «Paquito, dile a tu hermana que me traiga el *¡Hola!* cuando venga», «Paquito, date prisa en ir a la farmacia a por mis pastillas, que te van a cerrar», «Paquito, dile a tu mujer que no le eche tanta sal a la comida, que me lo ha prohibido el médico», me sentí como un pez fuera del agua, más rara que vestida de Primera Comunión.

Lo peor o lo más sorprendente fue que se nos había pasado la calentura. De raíz. De golpe. Nos acostábamos, nos dábamos la vuelta y nos dormíamos como troncos. Y un día y otro. Hacíamos como que ninguno se daba cuenta de ello o lo echaba en falta o le daba importancia. Yo rezaba cada día y cada noche para que Paquito no hiciera ademán de querer follar. Y supongo que a él le pasaba lo mismo. Sencillamente nos evitábamos.

Una noche salimos a cenar con un amigo de Paco y su mujer, que tenían la misma edad que nosotros y hacía poco que se habían casado. No pararon de hacerse carantoñas y memeces durante toda la cena, se daban trozos de nécora en la boca y se llamaban «pichoncita» y «tortolito» y Paco y yo venga beber vino y comer marisco y jamón, sin atrevernos a mirarnos ni a decir nada. Acabamos trompa los cuatro, salimos del restaurante dando tumbos y a punto estuvimos de darnos una hostia en el coche, porque después de dejar a los palomos en su casa, Paco arrancó sin mirar, a toda pastilla, y en ese momento pasaba otro coche, que tuvo que dar un volantazo para no arrollarnos. Menos mal que no había tráfico a esa hora de la noche. Si nos llega a dar el otro coche, yo no lo cuento, me hubiera quedado como un huevo frito.

El caso es que no pasó nada, salvo el susto de muerte, sobre todo para mí, que me temblaban las piernas cuando entramos en casa. Y como el alcohol a mí entre otras cosas me afloja la lengua, le dije a Paco:

—Has estado en un tris de matarme.

—Estás borracha, no sabes lo que dices.

—Puede ser que esté un poco piripi, pero sé lo que digo.

—Si hablas tan alto, vas a despertar a mi madre.

—Tu madre no se despierta aunque pase el Séptimo de Caballería por aquí.

Yo había empezado a desnudarme en el dormitorio, cosa que no solía hacer, porque había cogido la costumbre de desvestirme en el baño. Pero otro de los efectos que me produce el vino es que me atiza la libido y me apetece vacilar. En cuanto Paco vio que estaba medio en pelotas, volvió la cabeza y se concentró en quitarse los pantalones y los calzoncillos, de espaldas a mí.

—Tienes un culo divino —le dije acercándome.

—No sé por qué la tienes tomada con mi madre, y no me toques que tienes las manos heladas —dijo subiéndose apresuradamente el pantalón del pijama. Pero yo ya me había echado encima de él y nos caímos aparatosamente al suelo.

—¿Pero se puede saber qué te pasa? —Paco intentaba levantarse, pero yo le sujetaba haciendo lo posible por ponerme encima de él.

—Venga, Paco, un polvo, anda, aunque sea rápido, mi amor, venga.

—No quiero, no tengo ganas, déjame, por favor, que no, te digo. ¡Joder!, ¿quieres dejarme en paz? ¡No me toques ahí! ¡Basta!

—O sea, que no quieres joder.

—Pues no, quiero dormir. Estoy cansado y mañana tengo que levantarme temprano.

—Mañana es domingo, Paquito.

—Tengo que empezar a hacer el inventario y además a lo mejor me sale de los cojones levantarme temprano.

—Pero de qué cojones hablas. Eres un huevón y un capullo, Paquito.

—No me llames Paquito.

—Cuando te llama tu madre, bien que te gusta.

Estaba vistiéndose de nuevo, aunque se había puesto el pantalón sin el calzoncillo.

—¿Y ahora qué haces?

—Me voy a dormir a otro sitio, a ver si puede ser.

—Tú estás majara. ¿Dónde vas a ir?

Con los zapatos en la mano, salió del dormitorio, pero tuvo buen cuidado de no dar un portazo, para no despertar a mamá, seguramente. Yo estaba en cueros, así que me puse la bata y salí detrás.

—¡Muy bien! ¡Muy bonito! ¡Vete a la puta mierda, cabrón!

Pero todo lo que oí fue la puerta de entrada que se cerraba. Y luego la del ascensor que se abría y se cerraba. Fui corriendo al baño, vomité todo lo que había cenado y más y luego me quedé dormida encima de la cama, en bata.

Paquito no volvió nunca más. El mamón me dejó allí con su puta madre, que ahora no me hablaba. Encima, como si estuviera ofendida conmigo o le hubiera hecho algo. A los tres días hice el petate y regresé a casa de mi madre, pero ya no la soportaba, así que me alquilé un piso, porque, además, se me presentó la oportunidad de trabajar en una empresa de alquiler de coches en la otra punta de la ciudad y la agarré al vuelo.

Aprendí a conducir, aprendí a trabajar con ordenadores, aprendí a tocar el piano, porque me hice amiga de una profesora que daba clases a niñas y niños bien en el piso de abajo. Dedicándoselo a mi querida madre, aprendí a arreglar grifos, a pintar paredes y techos, a hacer instalaciones eléctricas. Vamos, que no había tarea de bricolaje que se me resistiera.

Los primeros años no fueron fáciles. Vivir sola es algo que jamás había hecho y nunca me había planteado la posibilidad de que sucediera. En mi casa, con mi madre y mi padre y mis tres hermanos y luego casada. Una tiende a pensar que toda tu vida va a transcurrir viviendo con alguien, compartiendo con alguien. Y cuando se presenta la realidad, sorprende un poco, francamente.

Algunas amigas, incluso la pesada de mi madre, no dejaban de decirme que era transitorio, que tarde o temprano encontraría a algún hombre «bueno y cabal» con el que podría envejecer. Y yo al principio también lo pensaba, como algo irremediable, como después del crudo invierno forzosamente tiene que llegar la primavera y luego el verano y así. Pero poco a poco, cada día me sentía mejor viviendo sola, cada día descubría que hacía cosas que, si viviera con alguien, tendría que dejar de hacer.

Por ejemplo, había domingos que no me quitaba el

pijama. Hacía todo en pijama. Bajaba a comprar el periódico al quiosco con una gabardina sobre el pijama y unas gafas oscuras. No me duchaba ni me lavaba los dientes ni me peinaba en todo el día. Son cosas que jamás puedes hacer si estás viviendo con alguien. Los domingos terminan pareciéndose a cualquier otro día.

Si vives completamente sola puedes tener los armarios y el cuarto de baño como te da la gana o como te parece más conveniente. La nevera igual, sólo tienes cosas que te gustan o que necesitas. Y si te atenaza el insomnio de repente, puedes encender todas las luces, hacerte algo de comer, bañarte o depilarte si te apetece, sin tener que dar explicaciones.

Lo único complicado es el asunto del sexo. A las tías que viven solas les salen muchos moscones, todos los casados pretenden tirárselas. Y hay que andarse con pies de plomo con los casados, y más si son compañeros de trabajo. No por nada, sino porque es bastante frecuente que cuando ven que vives sola y encantada de haberte conocido, les entra como un hormigueo de hacer la relación estable, quieren repetir, dejan caer cosas como distraídamente, pero con la misma intención maligna con la que los perros van meando los árboles del barrio.

Y luego que les encanta a los casados organizarte la vida, oye. Deberías hacer esto, no deberías hacer lo otro, y se creen con derecho a llamarte por teléfono cuando están tristes o trompas o tienen un apretón, a cualquier hora del día o de la noche. Tienden a creer que como no estás casada con nadie, estás a su disposición. Hay que darles unos cortes impresionantes.

Los recién divorciados son peor, porque enseguida quieren emparejarse, les da terror vivir solos mucho tiempo, y como ven que te lo has montado tú de puta madre, se dicen, ésta es la mía, ésta me va a solucionar a mí el problema, porque además no se me va a pegar como una lapa. Y empiezan a venir a casa una tarde a ver el partido en la tele y otro día a que les cosas el botón de una camisa y a que les enseñes a hacer la tortilla de patatas. Y cuando te quieres dar cuenta te piden la llave para venir a escardar los terrones de los tiestos mientras tú estás de viaje. Y entonces estás perdida.

Así que durante todos estos años me las he tenido que ver y desear para espantar moscones y mantenerlos a raya, intentando aprovecharme de ellos lo más posible, sexualmente, digo. Aunque la verdad es que no es fácil, porque en lugar de concentrarse en follar —y los he conocido francamente bien dotados y aficionados— se distraen diciendo gilipolleces como «estamos hechos el uno para el otro» o «nunca antes había hecho el amor como contigo» y chorradas de ese calibre.

Mucha gente, bueno, casi todo el mundo, me tiene compasión: pobrecita, está tan sola, qué será de ella cuando sea mayor. Y me invitan a sus casas para darme calor humano o presentarme a un cuñado que se ha quedado viudo, y para, supuestamente, ponerme los dientes largos se explayan sobre lo importante que es el cuidado y la educación de los hijos y las alegrías incomparables que producen. Y yo veo a los niños y me digo: «Anda, que no tenéis mérito ni nada aguantando a estos cínicos de papás que os ha tocado tener.» Y puedo ver en los ojos de los chavales las ganas casi insoportables que tienen de perder de vista a sus padres, no ven la hora, el día.

Eso no quiere decir que no haya gente maja, sincera y civilizada, que la hay. Lo que pasa es que yo no la conozco. No sé dónde está. No me la han presentado todavía. Todos tienden a decir que yo soy muy egoísta, que ése es mi problema. Hay que joderse, como si la gente fuera a imagen y semejanza de Santa Teresa.

Los tíos quieren a sus mujeres para su exclusivo servicio, para cuidarlos, apoyarlos, acompañarlos, comprenderlos, ayudarlos y levantarles la moral. Y ellas quieren a sus maridos para cuidarlas, apoyarlas, acompañarlas, comprenderlas, ayudarlas y levantarles la moral. Y ambos quieren a los niños para que se hagan ricos de mayores y les mantengan en su vejez. O sea que toma egoísmo.

Yo estoy segura de que mis genes no son nada del otro mundo como para ir esparciéndolos por ahí. Deben ser corrientitos, tirando a mal. Como los de mis hermanos, que vaya despliegue genético que han hecho: Rubén ha tenido cuatro hijos, dos niñas y dos niños, uno con alergia a casi todo, menos el Soberano Osborne, el otro que quiere ser ciclista profesional y se escapó de casa, una niña que se quedó preñada a los dieciséis, y como su madre es tonta de remate, tuvo el niño y ahora lo cuidan los abuelos mientras la madre-nena se pasa la vida en la ruta del bakalao. Y la otra es militar de carrera.

Mi hermano Germán ha tenido cinco. El mayor se casó a los dieciocho con una negra, a resultas de lo cual mi cuñada padece de los nervios desde entonces. El segundo y el tercero se fueron a Bélgica a trabajar y se han casado con dos belgas que son hermanas y viven cerca de Brujas. Las mujeres pesan cada una entre ciento y ciento veinte kilos y ellos, en cambio, cada foto que mandan están más consumiditos. El cuarto es homosexual y se ha ido a vivir con un tipo que tiene un bar de copas. Y la quinta es Sonia, que a los trece empezó a no comer porque decía que estaba gorda y se agarró una anorexia que habría acabado con ella de no haber sido porque tuvo la suerte de caer en manos de un médico listo que se dio cuenta de lo que pasaba y la internó en un centro especializado, de los poquitos que hay. Y allí conoció a otro anoréxico que estaba recuperándose de eso y de la adicción a las anfetas, que a veces va unido todo. Y aquí estamos, en la boda de dos jóvenes que son como palillos y entre los dos no llegan a los noventa kilos, con zapatos y piedras en los bolsillos.

Por eso, sinceramente, pienso que los genes de uno, mejor dejarlos directamente en el condón y tirarlos a la basura. Cada vez que voy a una boda me reafirmo en mi opinión de que más vale estar sola que mal acompañada, y una siempre está mal acompañada cuando está acompañada.

Según lo veo yo, qué quiere que le diga, el mundo está inventado para las personas solas. Los pisos asequibles son pequeños, los sueldos no dan para mantener a más de uno, la tele, la cadena hi-fi y el vídeo te resuelven el problema de estar al día en cuanto a cine y música, y el ordenador el de las exposiciones y el cotilleo a través del Internet. Para una persona sola, la calle no es un lugar muy agradable, sobre todo de noche, y mira que yo estoy acostumbrada, pero hay veces que no te apetece jugártela en el mundo exterior. Vas a un bar a tomar pacíficamente una copa y un sandwich y a los tres minutos ya tienes a veinticinco moscones dando la lata.

Y luego eso, que antes para bailar necesitabas pareja. No se concebía el baile si no era de dos. Pero ahora cada cual baila como le da la gana, a su aire. Sólo los viejos bailan agarrados, les da igual el rock que el bakalao que la salsa, sobre todo en las bodas. Ni siquiera el vals o el tango se bailan ya agarrado a otro o a otra. A mí siempre me ha gustado bailar sola, porque de joven la mayor parte de los tipos que me sacaban a bailar —por no decir todos— no tenían ni idea, pero yo tenía que seguirles, y era torturante. No ibas a dejar a un chico en evidencia, era de mala educación. Para los chicos bailar era restregarse y una oportunidad de tener cerca a una gachí, que no era fácil en aquellos tiempos. La música les entraba por una oreja y les salía por la otra, bailaban con la polla, y así no hay quien baile.

No hace falta nadie para bailar. Yo me pongo un disco y bailo, lo que me apetece, salsa, rock, bolero, pasodoble, merengue, depende del estado de ánimo o del humor o de los discos que tenga a mano o de lo que estén poniendo en la radio. Mi perro, porque sí, es cierto que tengo un perro, me mira alucinado el pobre cuando bailo. Se mete debajo de una silla o de una mesa y me mira sin quitarme ojo, alucinado, pero no disgustado. Si le molestara, se escondería en otro sitio o desaparecería. Es un perro callejero y abandonado, sin raza definida, muy listo y fiel. Le puse Aníbal porque es grande y cuando le metí en casa después de que me siguiera dos días seguidos, cosa que me conmovió, ningún ser vivo ha demostrado tanto interés por mí, pues cuando lo metí en casa fue horrible porque por donde pasaba sembraba el caos, el pobre es enorme, y estaba muy nervioso y todo lo que cogía lo destruía. Al cabo de tres años, ahora es todo lo contrario, suave, tranquilo, cuidadoso, disciplinado y obediente. Cuando yo rompo o se me cae un vaso o una taza, el pobre Aníbal se va a un rincón y se tapa la cabeza con las patas delanteras.

Por eso me cabrea un montón que no le dejen entrar en el hospital, es lo que peor llevo de estar aquí, doctor. Ya sé que está estupendamente con los anticuarios del piso bajo, pero, igual, me gustaría verle y que estuviera conmigo. Aunque lo comprendo, si todo el mundo que está aquí clavado trajera a su perro, a su gato, a su periquito, sería un auténtico caos y la mitad de los animales se pondrían enfermos a morir, cogerían todo tipo de virus y de bacterias a las que no están acostumbrados.

Menos mal que aquella mañana no iba el perro conmigo. Estaba pachucho y lo dejé en casa, en lugar de llevarlo como siempre a que pasara la mañana en la tienda de los anticuarios, como suelo hacer, mientras yo me voy a la oficina. A ella, Julieta, le gusta sacarlo a media mañana a dar un paseo y a Aníbal le chifla.

Es en lo primero que pensé, doctor, cuando salí despedida por los aires por la explosión de la bomba. Cuando caí, con algo que parecía un edificio entero encima mío, antes de perder el conocimiento, pensé en Aníbal y en que la noche antes me había bailado sola todo el nuevo disco de Carlos Cano.

Ahora ya no podré bailar más. Sin piernas, resulta difícil, verdad doctor. Aunque dígame, doctor, ¿de verdad me han cortado las dos piernas? Le juro que las siento. Antes estaban tocando un vals en la radio y cerré los ojos y estaba bailando, bailando.

Las uñas de la mente

—Ayer pensé en comprar velas, las vi, las tuve en la mano, pero luego las volví a dejar en su lugar.

—Pues qué bien. Estuviste inspirada, desde luego. ¿Y por qué no las compraste?

—Porque llevaba el dinero justo y tenía miedo de pasarme.

—Llevabas el dinero justo para comprar qué.

—Pues lo que tenía que comprar: el pan, dos pares de medias, el quitaesmalte, las patatas, la lechuga, las cervezas, el café, el suavizante y no me acuerdo de qué más que llevaba apuntado que faltaba.

—Podías haber dejado las cervezas o las medias, sin hablar del quitaesmalte. Nunca te pintas las uñas, de todas maneras.

—El otro día, ordenando el armarito del baño, vi un esmalte de uñas a medio gastar y me entraron ganas de pintármelas, pero no lo hice porque no tenía quitaesmalte, así que apunté que tenía que comprarlo.

—Podías haber tirado el esmalte, que de todas maneras estará pasado de fecha y podrido.

—Lo miré bien y parecía que estaba en buen estado, me daba pena tirarlo.

—Jo, tía, tú te encuentras un día una caca en buen estado y la guardas. ¿De qué color era?

—¿El esmalte? De esos que son incoloros nacarados.

—Incoloros no son, son blancos y tienen una bolita.

—Eso. Bueno, el caso es que viene en un frasquito muy bonito, y estaba casi lleno todavía y se veía la bolita de nácar y todo.

—Ya sé. Un frasco redondo en forma de cono truncado y el extremo del pincel que es la tapa es alargado y tiene rayitas para que no se te escurra entre los dedos cuando te pintas las uñas.

—No, esos son los de siempre, los cutex de toda la vida. Este es como alargado, pero en la mitad tiene una curva hacia adentro, o sea, que tiene forma de guitarra diminuta y la tapa, que es el pincel, es también como el palo de la guitarra, plano por un lado y un poquito curvo por el otro. Es divino.

—Da igual, lo podías haber tirado a la basura y haberte comprado otro nuevo y reciente si tenías el capricho de pintarte las uñas, y también podías haber comprado las velas, que son más baratas que las medias o que el puto suavizante.

—Menos mal que no somos pintoras.

—¿A qué viene eso ahora?

—Que los pintores necesitan la luz para pintar. Y si fuéramos pintoras, como no tenemos luz, no podríamos pintar.

—Menuda chorrada. Todos los grandes pintores han pintado durante siglos obras maestras antes de que se inventara la luz eléctrica.

—Eso también es verdad. Vi en un documental en la tele hace poco que Goya se había hecho un sombrero con un ala ancha y todo alrededor se ponía velas encendidas y así pintó muchos de sus cuadros. ¿Ves? Pero yo pude ver eso en la tele porque tenía luz. Ahora que no tenemos luz, pues no puedo ver la tele y no hubiera podido saber que Goya pintaba con un sombrero lleno de velas.

—La humanidad está perdida, de todas maneras. Yo creo que todas las grandes obras, no sólo de pintores, sino de músicos y escritores, se han hecho antes de la luz eléctrica. Es más, una vez que se inventaron las bombillas, todos se volvieron locos y se inventaron el arte abstracto, el cubismo, y todos esos ismos que no hay quien los entienda.

—Yo no entiendo nada de pintura, desde luego.

—Ni yo, no te jode, se me acaba de ocurrir ahora mismo.

—Lo que sí es verdad es que cuando, como ahora, no tienes nada que hacer porque se ha ido la luz, te pones a pensar y se te ocurren cosas que con luz no se te ocurrirían.

—Yo creo que las cosas se te ocurren cuando te

pones a pensar, haya o no haya luz. El problema es que pensamos poco. Nadie, por lo menos nadie que yo conozca, llega a casa y dice: «Ahora me voy a poner a pensar un poco.»

—Yo pienso bastante, te diré.

—¿Ah, sí? ¿Tú piensas bastante? ¿Cuándo?, ¿de diez a doce o de ocho a seis?

—En serio, no es cachondeo. Por ejemplo, cuando me despierto, siempre lo primero que hago es pensar.

—¿Y en qué piensas? ¿En el agujero de ozono, en la vacuna contra el sida, en el rearme alemán, en cómo se formó el universo o en la moneda única europea?

—Tú eres tonta. Pienso en lo que me voy a poner, por ejemplo, o en lo que voy a poner de comida, en qué día estoy del ciclo, o en que debería tener huevos y cortarme el pelo como Ana Belén, cortito, cortito.

—Eso no es pensar, tía.

—¿Que eso no es pensar? Es pensar, porque son cosas que ocurren en la cabeza y todo lo que ocurre en la cabeza es pensar.

—Eso es pensar con el chocho, no con el cerebro, que es lo que se usa para pensar.

—Tú te crees muy lista porque dices guarradas y palabrotas, pero no tienes ninguna razón. El acto de pensar puede referirse a cualquier cosa.

—De momento, pensar no es un acto. Pensar es un pensamiento.

—Un pensamiento es una flor, que a mí no me gusta nada, por cierto, yo prefiero el geráneo.

—Ya. Tú no piensas pensamientos, tú piensas geráneos.

—Lo que yo quiero decir, a ver si me dejas hablar, es que por ejemplo, tú piensas que vas a hacer algo, luego eso es un pensamiento, pero también es un acto.

—Ya. Pero si tú piensas que vas a hacer algo y no lo haces, entonces se queda en un pensamiento geráneo, y ya no es un acto. El acto es actuar.

—Pues eso es lo que te estoy diciendo desde hace un buen rato. Pero se ve que tienes los geráneos flácidos.

—El caso es que no compraste las velas y ahora estamos a oscuras y sin poder hacer nada más que comernos el coco.

—Pensé en comprar las velas y no las compré. Tuve un pensamiento-geráneo, mea culpa, mea culpa. Si quieres me prendo fuego a lo bonzo y así puedes tener un poco de luz durante un rato. De todas maneras, si tuviéramos velas ¿qué ibas a hacer?

—No sé. Muchas cosas. Tú misma has dicho que Goya se ponía un sombrero con velas para pintar.

—Eres tú quien ha dicho que las grandes obras de la humanidad se hicieron antes de que se inventara la luz eléctrica. Yo recuerdo a mi padre, que siempre hacía las cuentas de la tienda por la noche, con una bombilla de cuarenta y mi madre le regañaba, Angel, porqué no lo haces de día, que te vas a desojar. Y él siempre contestaba: déjame, que veo perfectamente. Estoy inspirado. Alejandro Dumas escribió *Los miserables* con una luz peor que ésta.

—Me acabas de matar, tía. Primo, *Los miserables* lo escribió Víctor Hugo, y dos, tu padre hacía las cuentas de la tienda, no hay que estar muy inspirado, tanto como para escribir una novela que es un fresco de la Revolución francesa. No sé, me has dejado tarumba.

—Pero si era la Revolución francesa, tampoco había luz eléctrica, o sea, que el tal Víctor también escribió ese fresco, como tú dices, con velas. Y además los frescos no se escriben, se pintan en las paredes. O también se pueden comprar en las fruterías.

—Era una metáfora.

—¿Es un fresco o es una metásfora? ¿En qué quedamos?

—¡¡¡Ooohhh!!! De verdad, parece mentira que tengas las cuatro reglas.

—¿Las cuatro? Con una que tengo me basta y me sobra. Nadie tiene cuatro reglas. A lo mejor en los trópicos, que son muy precoces las niñas, o algo así he oído.

—Me refiero a sumar, restar, multiplicar y dividir. Esas son las cuatro reglas que se les enseña a los niños en la escuela.

—Yo sé hacer eso, que no tiene nada que ver con el fresco o eso que tú has dicho antes.

—Metáfora.

—Eso. ¿Qué es?

—Pues es una manera de hablar. Tú te refieres a algo pero no lo llamas por su nombre sino que lo comparas con otra cosa o lo llamas de otra manera para señalar mejor su esencia. Me está empezando a doler el coco.

—¿Eso es una metásfora?

—No, exactamente. Aunque mira por donde «el coco» por cabeza es una metáfora.

—El coco es la cabeza.

—Pues eso.

—Eso qué. Es que no te explicas. Tú podrás tener cuatro reglas o siete, pero te explicas muy mal.

—Mira, mira, la luna acaba de aparecer. Es increíble, cómo brilla. Ahora se ve todo perfectamente.

—No me gusta la luna, se lo dije al doctor Pau en la sesión de ayer y no le gustó nada.

—¿Por qué no le gustó?

—No sé, pero puso mala cara.

—El doctor Pau siempre pone mala cara con nosotras. Le aburrimos un montón. Yo creo que en cuanto salimos del consultorio, todas esas notas que toma las tira a la papelera.

—Yo he pensado lo mismo muchas veces. Pero cuando entro, miro la papelera y siempre está vacía.

—Eso es más preocupante todavía. Esconde las notas en un cajón y luego lo lleva todo al incinerador.

—O se lo come, como la señora esa que han llevado a la sexta, que se come todo, se comió el colchón, el quicio de la ventana de madera y una pata de la butaca.

—Yo tuve una crisis así, de comerme todo. Sobre todo mis cosas, me comía las uñas, y cuando acabé con las de las manos, empecé con las de los pies. Y luego me comía las de la gente que estaba alrededor.

—Qué bien, manicura a domicilio.

—Y estaba muy, muy, muy salida. Todo lo que pasaba por delante de mí con pilinga me lo tiraba, o lo intentaba.

—¿Al doctor Pau te lo has tirado también?

—Es que ya con las pastillas y las inyecciones, la verdad es que no me provoca, si te digo la verdad.

—De todas maneras al doctor Pau no hay quien se lo tire. Ni a oscuras, vamos.

—Esas pastillas me dejan kao, tía. Pero aun así tengo sueños eróticos y me corro soñando a veces con chorradas. Hace poco soñé que me subía a un árbol huyendo de un tigre y me corrí.

—¿Se lo dijiste al doctor Pau?

—Me dio vergüenza y no se lo dije. ¿Y qué me iba a decir? ¿Que tuve un sueño erótico? Eso ya lo sé, y aquí dentro no hay solución, como no te tires a una silla o a un televisor, o por la ventana. Es lo más fácil.

—Oye, cierra la ventana, que me pone mala ver esa luna, de verdad.

—¿Por qué? ¿No querías luz? Pues ya tienes luz.

—Me recuerda a la cara de mi madre.

—A mí me recuerda al culo de mi padre, menudo hijo de la gran puta, el cabrón. Con luna como ésta no hacía nada, era cuando no había luna que se ponía ciego y nos violaba a todas.

—Hiciste bien en liquidarlo. Gente así no merece vivir.

—El doctor Pau me pregunta si volvería a degollar al cerdo y yo siempre le digo que sí, pero que ahora lo haría mejor, claro, ahora tengo dieciocho y cuando lo hice tenía once. Ahora sé más. Estos años aquí me han enseñado un huevo de cosas.

—¿Y él qué te dice?

—Nada, me da pastillas y me pone en el rol para cortar el césped o trabajar en la cocina.

—Es buen tío en el fondo. Se cree todas las trolas que le cuento, que estoy casada y tengo dos chavales de cinco y seis que me dan mucha guerra, que nunca me llega el dinero en el híper, que me encanta la ropa de lamé, que por las noches me encanta ir a bailar a la disco.

—Pero es que yo no lo entiendo: ¿un tío con estudios de medicina y eso, y se cree que de verdad vas al supermercado un día sí y otro no? ¿Y se cree todas las chorradas que le decimos?

—Me pregunta precios y todo. Yo le digo que han subido los huevos o que ha bajado la carne de cordero. Y la diferencia que hay entre las distintas marcas de tomate frito. Lo del tomate frito lo lleva muy en serio. No hay día que no me lo pregunte.

—Es que en su jerga el tomate frito equivale a la sangre. La sangre menstrual, la de tu madre cuando te parió y esas cosas. Es que de verdad son como niños, sabes. El día que empieces a hablar de la mostaza, se lleva un disgusto y tiene que empezar a consultar libros y se apunta a un congreso de siquiatras de manicomios en Varsovia.

—Esto no es un manicomio.

—No, qué ilusión. Esto es un establecimiento de rehabilitación, un centro de salud, una colonia de vacaciones, llámalo hache, sigue siendo un loquero. Cierra la ventana, tía, que la luna me va a matar. Y la próxima vez que vayas al híper que no se te olviden las velas, ¿entiendes, geráneo?

El paraíso
ya no es lo que era

La guía sólo le había costado seiscientas cincuenta pesetas, pero era fantástica. Prácticamente, Túnez era el paraíso terrenal. De hecho, nada más abrirla, los ojos de Mercedes se tropezaron con un texto destacado en la parte superior de una página que decía: «En la orilla de Qammuniya se encuentra una de las puertas del paraíso. Se llama Monastir.» y estaba firmado por un tal Abu el Arab, del siglo IX nada más y nada menos.

Echó una rápida ojeada al semáforo, que seguía en rojo, y pasó hojas rápidamente, enganchándose sus ojos en otro texto a pie de una foto del interior de una mezquita: «...en oratorios que Alá permite levantar y en los que se invoca Su nombre, en los que le glorifican al alba y al crepúsculo hombres a los que ningún trueque ni ningún negocio distraen de su invocación a Alá.» El Corán.

—Dios, cuánta espiritualidad... —musitó Mercedes en voz alta.

Un estruendoso claxon la hizo volver a la realidad, la luz se había puesto en verde y por el espejo retrovisor veía a un tipo enorme sentado detras del volante de un camión agitando los brazos y probablemente maldiciendo a parte de la familia de Mercedes.

—Ya voy, tío, ya voy... —Mercedes metió la primera marcha y arrancó con violencia—. Qué ganas tengo de perderos de vista, de verdad.

Antes de que pudiera meter la segunda, el camión se puso a su altura y oyó la voz del camionero que, con la cara congestionada, le gritaba:

—¡Quédate en casa a cuidar los niños, meona!

—Gilipollas, machista de mierda —aulló Mercedes, pero el camión ya había desaparecido en el espeso tráfico de la calle.

Está ciudad la ponía enferma, y sus habitantes más. Gente cateta, basta y grosera. Era una cruz vivir en una ciudad de provincias. Es verdad que en los últimos seis u ocho años las cosas habían mejorado un poco, las calles estaban más limpias, los escaparates de las tiendas más pulcros y mejor puestos, las zonas ajardinadas más cuidadas, los cafés mejor iluminados, los bancos florecían por doquier y las nuevas construcciones no eran tan feas. Incluso había un colegio nuevo, pero en las afueras de la ciudad, con lo que a Mercedes, que era maestra, la habían hecho polvo, porque ahora tenía que ir y volver al colegio en el coche, con lo poco que a ella le gustaba conducir. El colegio antiguo le pillaba a tres manzanas de su casa, en pleno centro. Siempre iba andando por el camino más largo, para pasar por la Plaza del Ayuntamiento y tomarse un café en El Imperial y charlar un rato con Carmen, que entraba a esa hora a trabajar en la notaría. Carmen y ella tenían la misma edad —Carmen era un mes más joven— y se conocían desde siempre, habían ido al colegio juntas, habían hecho la primera comunión juntas y lo único que no habían hecho juntas era casarse, porque Mercedes seguía soltera a los treinta y dos años, y en cambio Carmen se había casado a los veintisiete. Pero a los veintinueve ya estaba divorciada.

Mercedes enseñaba matemáticas a los de 2.º y 3.º de BUP. Bregar con adolescentes le destrozaba los nervios y había desarrollado una serie de dolencias intermitentes, sicosomáticas, que variaban según las estaciones. Ahora, en invierno, padecía del estómago, que le dolía y le ardía sin cesar. En verano era la cistitis, que parecía un castigo a su sempiterna castidad, porque a la fuerza ahorcan, no por gusto. Que ella siempre estaba dispuesta a un revolcón, pero en una ciudad de provincias no es fácil. Sólo le hacían señas los maridos de sus amigas, y eso no es plan. Un desahogo en una noche de fiesta puede provocar problemas sin fin, y tampoco se trata de eso. Por una misteriosa descompensación de la ley natural, los solteros o los visitantes preferían invariablemente a las casadas. El morbo del ser humano no tiene límites y sus caminos son inescrutables, eso estaba claro.

Por fin Mercedes llegó a las inmediaciones del restaurante El Coche Frito donde había quedado con

Carmen y con Mariángeles para almorzar. Ni un puto sitio para aparcar, naturalmente. Y eso que debajo de la Plaza del Gobernador Vázquez, donde estaba el restaurante, habían hecho un aparcamiento enorme, y para ello habían destrozado la fuente, los árboles y arbustos que la ocupaban desde antes del siglo XIX y en su lugar habían puesto una estatua del gobernador hecha por el artista local en medio de un mar de cemento. Y para que los coches no se subieran allí, lo habían sembrado todo de falos de hierro bastante ridículos, que habían provocado serias heridas en los genitales de niñas y niños que los utilizaban para saltar a pídola.

El aparcamiento estaba, como siempre, casi vacío. Aparcó al lado del coche de Mariángeles, un Mercedes 190 preciosísimo, que a Mercedes le daba mucha envidia al lado de su Fiat Uno cascajoso.

Pero es que Mariángeles tenía posibles. Su padre era el dueño de una serrería, una finca de regadío de miles de hectáreas, una granja de cerdos, un supermercado y una constructora. Era viudo y muy basto, pero muy, muy rico. Mariángeles tenía un hermano que era novillero y quería ser figura del toreo y se pasaba la vida o en cama, reponiéndose de un «percance», como decía él, o recorriendo los pueblos amañando corridas, con gran desesperación del padre, que quería que su hijo estudiara Ciencias Empresariales para que le sucediera en los negocios. Pero el niño, nada, dale que te pego, que quiere ser figura del toreo. En cambio Mariángeles se empeñó en estudiar Empresariales, y su padre también se cabreaba, porque aspiraba a que la niña se casara bien, sentara la cabeza y se dedicara a cuidar de su marido, sus hijos y, de paso, de él mismo. Durante años Mariángeles y su padre se habían peleado todos los días. Pero al final, Mariángeles se salió con la suya y se graduó en Administración de Empresas y enseguida entró a trabajar en una compañía de transportes recién instalada en la ciudad, cosa que al padre le puso de los nervios. Al final, tuvo que pedirle por favor a su hija que fuera a trabajar con él, pagándole cuatro veces más de lo que ganaba en los transportes. Mariángeles puso en órbita las empresas del padre, abarató los costes, incrementó los ingresos, las modernizó y aumentó la rentabilidad. Y además casi obligó a su padre a casarse con la viuda de un tipo que tenía olivares y viñedos, no tanto por esto último como porque su padre dejara de darle el coñazo. Así que ahora el padre y la madrastra de Mariángeles seguían al hijo torero por toda la geografía española, le protegían y le apoyaban.

Mariángeles tenía mucho carácter y había tenido muchos novios, pero tarde o temprano los mandaba a freír espárragos por diferentes razones. Casi todos intentaban organizarle la vida y de paso hacerse con el control de las empresas. Mariángeles era muy lista, además de muy guapa, la más guapa de las tres amigas. Era alta, delgada, aunque comía como una lima, y tenía un pelo espeso y sedoso que le caía por los hombros. Cuando se lo recogía, podía verse su cuello, largo y torneado. Mercedes tenía un cuello corto y ancho, tan castellano-leonés, y se moría de envidia cuando veía lo bien que le quedaban a Mariángeles los cuellos altos. En cambio, ella, con un jersey de cuello de tortuga parecía exactamente una tortuga.

Carmen ya estaba sentada a la mesa y leía el menú,

que se sabía de memoria, naturalmente, pero aun así siempre se lo leía de cabo a rabo cada vez que comía en El Coche Frito, que era dos veces a la semana como mínimo. Carmen era morena, pero se teñía de rubia, primero porque tenía la piel muy blanca y los ojos grises, y segundo para no parecerse a su madre y a su hermana mayor. Desde pequeña se peinaba de la misma forma, melena recta corta al nivel del lóbulo de la oreja y flequillo, todo muy liso, que le costaba un trabajo terrible, porque su pelo natural era rizado como el de una negrita.

Estaba cansada, había tenido una mañana terrible en la notaría. Todo el mundo quería arreglar sus asuntos antes de Navidad. Se le había perdido un expediente importantísimo, según Raimundo, el notario, un gilipollas importante, aunque él se creía el rey del mambo porque había sacado las oposiciones después de clavar los codos durante seis años, que se dice pronto. Carmen había estudiado hasta cuarto de Derecho, pero lo dejó y se casó con José María, porque estaba embarazada y le entró el pánico. A los dos meses de casada y quinto de preñez abortó espontáneamente. Le volvió a entrar el terror y se quedó otra vez preñada a todo correr, aunque se llevaba fatal con José María, que había puesto un bufete que le iba de puta pena, porque era vago y maleante y no pensaba más que en tirarse a las dependientas de las tiendas. Una tarde Carmen sorprendió a su hermana Mónica y a José María metiéndose mano en su propia casa y a Carmen le volvió a entrar el pánico. En lugar de llorar o dar gritos como hubiera hecho cualquiera, abrió la ventana y se tiró al patio de cabeza. Menos mal que vivía en un primero, pero se rompió la clavícula y abortó. Se separó de José María, que se fue a vivir a otra ciudad, y extorsionó a su madre para que le comprara un piso y así purgar el pecado de su hermanita, que era la preferida de sus padres.

Carmen, Mariángeles y Mercedes tenían en común que les producía náuseas la sola idea de la Navidad. Unas por una cosa y otras por otra, era una época que detestaban. Hacía dos o tres años que las tres se organizaban un viaje lo más lejos posible para perder de vista la ciudad, sus habitantes y familiares durante esos días. Habían estado el año anterior en Hungría y Checoslovaquia, y no lo habían pasado mal. Sólo que hizo un frío espantoso y juraron no volver a esas latitudes en esas fechas. Este año, después de mucho discutir, habían decidido irse a Túnez. Primero pensaron en ir a Cuba, pero en las ciudades pequeñas se sabe todo y la de la agencia de viajes le comentó a Carmen que fíjate qué casualidad que tu ex marido y su novia también creo que van a ir a Cuba. Así que las tres amigas decidieron ir a Túnez, porque Marruecos Mercedes ya lo conocía y no estaba dispuesta a volver y aseguraba que de todos los países del Magreb, Túnez era el más occidentalizado, civilizado y exquisito.

Nada más sentarse, Mercedes sacó de su enorme bolso tres libros y los puso en la mesa:

—He comprado tres guías para que os vayáis ilustrando. En una de ellas he leído que es el paraíso terrenal.

—Yo no lo tengo muy claro todavía porque a mí estos países en los que no se puede comer cerdo, no me fío —dijo Mariángeles recogiéndose el pelo en la nuca con una goma y dejando ver su hermoso y envidiado cuello.

—Mujer, parece muy exótico y muy bonito —dijo Carmen hojeando una de las guías profusamente ilustradas.

—Y si no comen cerdo, qué coño comen.

—Mariángeles, no piensas más que en comer, tú. Pues cuscús, tajine, que es carne de cordero, generalmente, o de ternera, guisada en unas cazuelitas de cerámica o de barro que tienen una tapa como con un tejadito.

—No te pongas en plan maestra, Merceditas —dijo Carmen—. Según Ana, la de la agencia, tenemos reservas en un hotel cojonudo de un sitio que se llama Monastir, y luego varias excursiones. Una de tres días a los oasis y otra a la isla de Yerba. Y luego vamos a ir también a Sevilla, Almería y Jaén.

—Hija, qué dices. De qué estás hablando.

—Míralo, aquí está, ¿lo ves? Al Medhia, o sea Almería; Sbeitla, o sea Sevilla, y El Yem, o sea Jaén. Está claro. A ver si te crees que yo no sé nada, pues me he leído el panfleto de la agencia de arriba abajo. Estamos en un hotel guay a media pensión. Y la cena de nochevieja es obligatoria.

—Será que hay que pagarla obligatoriamente y luego vas o no vas, según te salga o no de los ovarios. A mí unos tíos que no comen cerdo porque los consideran animales malditos e impuros no me obligan a hacer lo que no me dé la gana —dijo Mariángeles metiéndole mano a un enorme plato de jamón reluciente que el camarero había dejado en el centro de la mesa.

—¿Y qué ropa llevamos? —preguntó Mercedes.

—Pues lo de siempre, vaqueros, camisetas y jerseys, por si acaso. No hace falta que te lleves los bridges ni el traje de faralaes.

—Me ha dicho Eliodora, la sobrina del dueño de la pastelería El Bollo, que su tía estuvo hace unos años en Túnez y volvió diciendo que los hombres son guapísimos —dijo Carmen.

—Espero que además sean lanzados, porque tengo un cuerpo gitano que me voy a poner las botas en este viaje, oyes —dijo Mariángeles—. He jurado que el nuevo año lo recibo poniéndome morada de comer y de follar.

Mercedes pelaba concienzudamente el langostino con sólo dos dedos.

—A mí me interesa la parte artística, las bellezas naturales...

—O sea, los tíos, como a mí, no te fastidia —interrumpió Mariángeles mordiendo el langostino y escupiendo los restos de cáscara, horrible costumbre que desesperaba a sus amigas, pero a la que no estaba dispuesta a renunciar, el auténtico sabor y la sustancia del langostino están en la cáscara.

—Que no me refiero a eso. Me fascina el exotismo y la historia. Túnez está lleno de historia; fíjate que la fundaron los fenicios, luego los romanos, las guerras púnicas, habréis oído hablar de Aníbal y de Asdrúbal, luego los turcos y muchas y variadas oleadas de diferentes tipos de árabes, los españoles también, y luego los franceses.

—Eso es lo único que me mosquea, la invasión del puto Club Méditerrané —Carmen pelaba el langostino con tenedor y cuchillo con elegancia de princesa, el haber estado cuatro años interna en un colegio de Suiza carísimo deja este tipo de huellas imborrables en una persona.

—Bueno, el caso es que yo espero que haga buen tiempo, porque voy a tomar el sol y a ponerme morena, lo demás me importa un pito —dijo Mariángeles.

—Antes dijiste que sólo te interesaba follar y comer.

—Ya, pero entre col y col, lechuga.

El avión iba lleno hasta la bandera de grupos de muy diferentes edades y dimensión. Había grupos de tres, de seis y hasta de ocho personas, y alguna pareja. La azafata de tierra que facturaba equipajes y repartía cartas de embarque se había ocupado a conciencia de dar asientos separados a los miembros de un mismo grupo, con lo que el avión era un guirigay de personas que se hablaban por encima de las filas pidiéndose cosas o contándose chistes malos.

La maestra, la empresaria y la secretaria del notario estaban desperdigadas y encima en zona de no fumadores, porque a pesar de haber llegado a embarcar con hora y media de adelanto, les habían jurado que ya no quedaban sitios libres en la zona de fumadores. Cuando los azafatos les sirvieron la bandeja con la consabida comida incomestible, se miraron entre ellas y las tres comprendieron que no deberían estar allí, sino en sus propias casas, tiradas en un sofá viendo la tele o asando un lechoncillo criado sólo con leche de su madre en la maravillosa cocina de la casa de Mariángeles, que tenía incluso un horno de verdad para hacer pan.

Al llegar al aeropuerto de Túnez-Cartago, todos los pasajeros, incluidas ellas tres, fueron pastoreados por distintos guías. El suyo era un tunecino bajito con el pelo muy rizado y una nariz muy grande y perpetua sonrisa que dejaba al aire unos dientes afilados y desiguales. Cada guía partía hacia el exterior conduciendo su rebaño de turistas.

—La primera en la frente —dijo Mariángeles a Carmen.

—Qué quiere decir eso. Tampoco está tan mal el aeropuerto.

—Me refiero al guía que nos ha tocado. Feo con ganas y huele a cebolla.

—Hija, cómo eres, pues yo no lo encuentro tan mal, al fin y al cabo parece simpático, no para de sonreír y me recuerda a mi primo Javier cuando era más joven.

—Es un antídoto contra la lujuria. Alguien que sonríe sin cesar, sin ninguna razón, no es de fiar.

—¿Por qué no nos vamos ya? —Carmen le hablaba al tunecino con una voz desusadamente alta. Mercedes, que había ido a cambiar moneda, regresaba junto a ellas muy sonriente.

—¡Mirad qué cantidad de dinares... somos ricas!

—Estamos esperando pareja para ir en bus al hotel —contestó el guía mirando los muslos de una chica minifaldera de otro grupo próximo.

—Lo que nos faltaba —Mariángeles se sentó en su Sansonite con ruedas y encendió un cigarrillo. Se sentía cansada. Miró el reloj, sólo eran las nueve de la noche y tenía la sensación de que eran las cuatro de la madrugada. Llevaban viajando desde las dos de la tarde. Se había levantado a las seis para despachar una serie de temas en la oficina y despedir los camiones de cerdos que partían hacia Francia. A las dos emprendieron las tres viaje a Madrid en su Mercedes, y el pollo que había comido en el avión estaba empezando a piar en el estómago.

—¿Hasta cuándo vamos a esperar? A lo mejor no vienen.

—Voy a ver. Ustedes, por favor, esperen aquí.

—A ver, qué remedio, ¿dónde quieres que vayamos?

El guía desapareció tras las puertas de la aduana de llegada.

—¿Habéis visto cómo anda? Tiene los pies planos.

—Aquí las mujeres no llevan velo, van vestidas normales —dijo Carmen.

—Qué van a llevar, son todas gilipollas como nosotras que vienen de Avila, de Valladolid, de Tudela o de Madrid.

—Mariángeles, qué poco viajera eres —dijo Mercedes con cierto tono de reproche—. Recuerdo que en Praga nos montaste una buena también.

—Hombre, si mal no recuerdo nos llevaron desde Viena hasta Praga en autobús, no se cuántos miles de horas pasando por veinticinco fronteras, y de vez en cuando nos tiraban un bocadillo de los que les sobran en los aviones, no los querían ni los perros.

El guía apareció con su sempiterna sonrisa y un hombre y una mujer como de sesenta años, con aspecto de rusos, aunque luego resultó que eran madrileños.

—La señora ha perdido equipaje —dijo el guía.

—De eso nada. Yo no he perdido nada, lo ha perdido la compañía —dijo la mujer encarándose con el guía.

—Cállate, que estás dando la nota, Ana María —decía el marido.

—Pero ¿qué nota? —dijo Carmen—. Tiene usted

razón, uno en un avión no pierde las maletas. ¿Ha rellenado usted el impreso?

—He rellenado el impreso, que se perderá en el caos que es esa oficina, y me he cagado de paso en la puta madre de la compañía de mierda.

—Ana María, por favor, tranquilízate —el marido le tiraba de la manga para que se callara.

—Pero déjala que se desahogue, si tiene toda la razón.

—No te han perdido la maleta a propósito, ¿sabes? —insistía el marido, a quien se le iban los ojos detrás del cuello de Mariángeles, que se estaba recogiendo la melena y haciéndose un tirabuzón, que clavó con una enorme pinza en lo alto de la cabeza.

—Pues no sé qué decirte, ahora que lo mientas —dijo la mujer sacudiéndose el brazo y lanzando miradas asesinas a su marido y al cuello de Mariángeles.

—Si les parece, podemos ir a hotel y mañana aparece maleta —el guía entregaba al marido y a la sulfurada esposa unas bolsitas—. La compañía les ofrece esto para pasar noche.

—Muchas gracias. Con esto y un bizcocho, ya está.

Las chicas cogieron sus maletas. El marido se precipitó a ayudar a Mercedes, cuya maleta no llevaba ruedas. Pero Mariángeles, que iba un poco retrasada, vio cómo la mujer le iba a poner la zancadilla a su marido para que se cayera y se rompiera la crisma. Dijo sujetándolo del brazo:

—No se moleste, señor, si ella puede llevarla. Merceditas, lleva tu maleta, si no pesa nada, anda.

Mercedes no era muy rápida, pero por el tono que empleaba Mariángeles intuyó que su obligación era no dejar que el hombre la ayudara.

El chófer del combi era enorme y barrigón, con un bigote canoso y patillas prácticamente hasta los hombros. Las tres amigas y la pareja mayor se acomodaron apelotonados con las maletas.

—Menos mal que nuestra maleta se ha perdido, si no, la hubiéramos tenido que dejar en tierra, o a uno de nosotros —dijo el marido intentando ser simpático, dejando pasar a todo el mundo para poder quedarse él en el único sitio cómodo, el asiento junto al conductor, cosa que finalmente consiguió.

A la media hora de viaje, Mariángeles se empezó a temer lo peor:

—Nuestro hotel está a las afueras de Túnez, creo.

—Si, afueras de Túnez —dijo el guía.

—Ya, pero ¿cuánto afuera?

—Monastir, ciento cincuenta kilómetros.

—No lo puedo creer —exclamó Mariángeles tapándose la cara con las dos manos.

—Ya, pero si lo sabías —dijo Mercedes—. Te expliqué que íbamos a Monastir.

—A esta velocidad de vértigo nos tiramos dos horas, seguro.

Carmen apoyó la cabeza en el respaldo, que era muy bajito porque alguien le había quitado el reposacabezas. Dirigió sus piernas largas hacia la izquierda para acomodarse mejor y sus rodillas tropezaron con las del guía.

—Perdone, lo siento, es que es tan estrecho.

—No importancia —dijo el guía, sonriendo pero sin mover su rodilla de la de Carmen.

—Joder, joder, joder —se oía lamentarse a Mariángeles al fondo del combi.

—¿Cómo se llama? —preguntó el guía a Carmen.

—Yo, Carmen.

—¡Ah, Carmen! —dijo el guía muy contento—. ¿Y ellas?

—Yo, Mercedes, como este coche Mercedes. Y ella Angeles, como los angelitos que tienen alas, ya sabes —y Mercedes agitaba las manos. Recibió un capón en todo el coco que le propinó Mariángeles, que estaba sentada detrás.

—Tú estás tonta o qué. Para de hablar, que no me dejas dormir.

—Hija, sólo estaba intentando confraternizar con el nativo.

—Yo me llamo Fadrik —dijo el nativo—. Pero los españoles siempre me llaman Federico.

—Huy, qué gracioso, Federico —dijo Mercedes—. ¿Habéis oído, chicas? Se llama Federico.

—Como sigas dándole carrete, Merce, te juro que me tiro en marcha del coche o te degüello, tú eliges.

—Fadrik es un nombre púnico —dijo el guía.

—Claro, claro —se apresuró Mercedes a decir—, es único, no tiene traducción.

—¡Púnico, Merceditas, ha dicho púnico! Parece mentira que seas maestra, guapa.

—Mariángeles, déjala tranquila, si tiene ganas de hablar que hable, todavía nos quedan dos horas de viaje —dijo Carmen volviendo sus piernas hacia el lado de la ventanilla—. ¿Habéis traído secador de mano? Me acabo de acordar que se me ha olvidado el mío. Y yo no puedo vivir sin secador.

—Pues yo contaba con que tú siempre lo llevas y no cogí el mío —dijo Mariángeles.

—Pues estamos sin secador, yo nunca lo llevo porque es un armatoste —dijo Mercedes—. Podemos comprar uno cuando lleguemos.

—Yo en mi maleta tenía un secador. Se lo hubiera prestado con mucho gusto —dijo la señora—. Y en esta bolsita ridícula no creo que haya un secador de pelo.

Se hizo un pequeño silencio que sirvió para escuchar con nitidez un par de ronquidos del marido que estaba frito junto al conductor.

—Una vez hace años hice un viaje en avión sola, creo que iba a Roma, y por una vez ligué a un tipo estupendo que iba a mi lado. Quedamos a cenar y, bueno, a lo que fuera, supongo. Pero al llegar, me habían perdido la maleta. Me entró el terror porque llevaba en la maleta los anticonceptivos, así que al ligue le di plantón y pensé que Dios me había castigado.

—Joder, eso es mala pata de verdad, y Dios no tiene nada que ver —dijo Carmen.

—No sé, no sé —dijo Mercedes—, no hay casualidades, todo lo que sucede, sucede por algo.

—Ay, ay, ay —suspiró Mariángeles—. Federico, ¿se puede fumar en esta tartana?

Todos, menos el señor que seguía durmiendo y roncando, empezaron a fumar. No se veía nada a un lado y a otro del coche, que rodaba por una especie de autovía. Pero de repente disminuyó la velocidad y los faros iluminaron un gran cartel escrito en árabe.

—¿Qué pasa, qué pone ahí? —preguntó Mercedes.

—Hay trabajos y desvío —dijo Federico.

—¡Ah! Obras..., pues cualquiera lo diría, viendo el cartel. Vaya idioma endiablado —dijo Carmen.

—No, es fácil —dijo Federico—. Se escribe de derecha a izquierda y se lee de izquierda a derecha.

—Qué curioso, ¿has oído, Carmen? Se escribe hacia un lado y se lee hacia el otro, es increíble.

—Lo que es increíble es que seas tan tonta, Mercedes, te está tomando el pelo. Federico te ha visto el plumero.

—Huy, qué gracioso, Federico, qué buen sentido del humor tenéis.

—Sí, nosotros mucho humor. —Federico reía con risa de conejo y le daba con el codo a Mercedes en el brazo.

Mercedes empezó a reírse también, muy cómplice, con el guía.

—A ver si vamos a tener aquí una pasión turca, cuidado —dijo Carmen.

—Sería más bien la pesadilla tunecina, y ni siquiera Gala podría hacer de ello un éxito —dijo Mariángeles.

A los tres días, ni siquiera Mercedes podía resistir las bromas pantanosas de Federico, el púnico. Habían visitado la mezquita de Susa, la de Monastir, y también el valle de los caídos que se había montado Burguiba en ésta su ciudad natal, la de Kairuan y las respectivas medinas. El cuscús les salía por las orejas. Sólo había una marca de vino tinto, escandalosamente caro y deplorablemente ácido. Y al final terminaron peleándose en Al Madhiat. Mariángeles no quería hacer la visita al cementerio, mientras que Mercedes estaba empeñada en seguir al guía y verlo todo. Mariángeles le explicó que los cementerios, por muy interesantes que dijeran las guías que eran, daban siempre malas vibraciones y ya tenían suficiente de eso. Carmen no sabía si darle la razón a una u a otra. Dijo que se iba sola al mercado semanal, cosa que aterró al guía. Al final Carmen y Mariángeles se fueron por un lado y Mercedes, el guía y ocho alemanes hicieron la visita al cementerio.

El mercado era la pasión de Carmen. Resultaba ser lo único auténtico, no preparado para el turismo masivo e industrial, el único lugar donde había gente de verdad que compraba de verdad cosas de verdad, frutas, verduras, garbanzos, tornillos, telas, especias, cacharros de cocina. Los puestos se sucedían unos a otros, desordenados, en grandes explanadas. Además los vendedores trataban a los clientes con cortesía, sin agobiarlos, cosa que no sucedía en las tiendas de las medinas, donde se practicaba el acoso al turista. Compraron mandarinas —deliciosas y aromáticas—, apio y zanahorias, y masticándolos fueron en busca de algún café donde hubiera mujeres, cosa nada fácil. Los cafés bonitos eran para hombres. Siempre había alguno para turistas donde sí podían sentarse las mujeres. Solían ser horribles, llenos de luz y de plástico y de alemanes, sin ningún carácter.

—Yo no podría vivir aquí —dijo Carmen soltando las bolsas de comida y de especias en una silla y sentándose mirando hacia la calle.

—No es peor que Valladolid cuando yo era adolescente, te diré.

—Ese es el problema, que prefiero Valladolid —Carmen suspiró y sacó un cigarrillo—. Las ruinas que nos han enseñado no tienen color al lado de Córdoba, Sevilla, Toledo, Granada, en plan de grandeza árabe-musulmana.

—A lo mejor es que no somos buenas turistas. Es una cuestión de actitud.

—No. Yo creo que el problema a lo mejor es que nuestras culturas, la de éstos y la nuestra, es demasiado parecida en muchas cosas y no nos impresiona, como les pasa a los alemanes, que la sola visión de un minarete o de una palmera los pone en éxtasis.

—Quizá sea .eso, aunque yo personalmente no tengo nada que ver con éstos, soy judía por los cuatro costados de toda la vida; mira mis apellidos: Escribano, Avila, Salazar.

—Más que judía, marrana, con perdón.

—Ya, debe ser por eso por lo que me gusta tanto el cerdo, tía. Me muero por un plato de ibérico de bellota, si quieres que te diga la verdad. Me estoy empezando a deprimir. Como no vuelva pronto Mercedes, me voy a poner a llorar.

—¿Sabes lo que creo? Que Mercedes y Federico han ligado.

Mariángeles miró a Carmen incrédula, como si hubiera recitado de corrido la lista de reyes godos o le hubiera pedido una gran cantidad de dinero prestado.

—No sabes lo que estás diciendo, Carmen. Nadie puede ligar con Federico por muy desesperada que esté, y te lo dice una que está dispuesta a ligar con las columnas. En serio.

—Es que no me explico que Mercedes no se separe un momento de ese cretino y vaya a todas partes con él y encima le ría las gracias que no tiene.

—Bien mirado, Mercedes es tan ingenua y tan infantil que, como se ha leído *La pasión turca,* está dispuesta a seguir al pie de la letra el romance con un nativo y cree que está viviendo una pasión de verdad.

El sol se filtraba por entre las ramas de un olivo que estaba en el centro de la terraza. Mariángeles se quitó la blusa vaquera y se quedó con la camiseta sin mangas. Notó inmediatamente la mirada de tres tunecinos, uno de ellos le había dado una gran paliza dialéctica en un puesto de alfombras, hablándole en italiano, intentando convencerla de comprar una alfombra horrenda por el triple de lo que costaba en Madrid.

Carmen los miró y ellos sonrieron. Se oía el sorbido de la aparatosa pipa del shisha.

—Oye, cúbrete, Mariángeles, que estás dando la nota.

—Me encantaría probar la chicha esa, pídele al camarero que nos traiga una pipa a ver a qué sabe.

—Es lo que faltaba para que nos violen.

—No caerá esa breva. Este país está lleno de pichas frías, eso es lo malo, que es un país aburrido.

—Es un país tranquilo, que es distinto.

—No sé, pero yo me aburro. Estoy deseando volver.

—¿Sabes cuál es tu problema, Mariángeles?

Carmen le daba un terrón de azúcar mojado en café a uno de los seiscientos gatos que pululaban por la terraza camelando a los clientes.

—No, pero tampoco quiero que me lo digas si lo sabes.

—Pues que te pasas la vida huyendo de las cosas y de las personas. Crees que salir corriendo es la solución para todo. Y cuando descubres que no, te cabreas y dices que te aburres. Te conozco hace mil años, y siempre es lo mismo.

—Eso lo dice una que se tiró por la ventana. Anda, calla.

Mariángeles volvió a ponerse la blusa vaquera, el sol había desaparecido y el cielo se había nublado súbitamente. Echó una ojeada a los tres tunecinos que seguían sorbiendo de la pipa, pasándosela por turnos.

—Qué asco, chupan de la misma boquilla. Antes de dársela al de al lado, la limpian con la mano, lo que es peor.

—¿Has oído lo que te he dicho, colega?
—Sí, doctor Freud, lo he oído.
—¿Y?
—Que tengo ganas de salir corriendo de aquí.
—¿Ves? Huir, huir, huir. Eso es lo único que sabes hacer. No te enfrentas a los problemas, simplemente los abandonas y sales corriendo. Una no puede huir de sí misma.

Mariángeles sintió que una gota de agua le caía en la ceja. Se tocó y le cayó otra en la muñeca.

—¿No dices nada? ¿No tienes nada que decir?
—Está empezando a llover. Hace dos años que no caía una gota y tiene que empezar a llover cuando venimos nosotras. Tiene huevos la cosa, reconócelo. Y no sigas dándome el coñazo que no estoy de humor.

—Vámonos de aquí, me he puesto de mala leche.
—Creía que era yo la de la mala leche. ¿O soy yo la que te pone de mal humor?

Una sonriente Mercedes hizo irrupción en la terraza, seguida del inevitable Federico.

—¿Os vais ya? —preguntó con asombro al ver que Carmen y Mariángeles se habían puesto de pie.

—Está lloviendo, bonita, ¿no lo notas? —A Mariángeles le resultaba repulsiva la actitud alegre y juvenil de Mercedes, y la sola visión del eternamente risueño Federico le provocó un pellizco en el estómago.

—Nos vamos dentro. —Carmen recogía sus bolsas y se sacudía al gato que se le había pegado al vaquero como un drogata se pega al camello.

—Tengo unas ganas de tomar café... —dijo Mercedes, tapándose la cabeza con un paquete, porque ahora la lluvia caía con contundencia sobre la terraza.

Dando grititos y saltitos, Mercedes corría hacia el interior, que estaba abarrotado y olía a grasa de cordero requemada.

Federico las condujo entre la gente a una mesa en un rincón.

—Este sitio es horrible. —Estaba al lado de una ventana cuyos cristales no se habían lavado en dos años, desde la última lluvia. A través de los cristales, Mariángeles vio un cartel que decía: «Voitures a louer—Rent-a-car Mahdía.»

—Esperarme aquí, que voy a alquilar un coche —dijo cogiendo el bolso y saltando por encima de las piernas de Federico, bastante cortas, todo hay que decirlo.

—Qué dice —dijo Mercedes—, si tenemos pagado el autobús y todos los transportes y excursiones. Además, aquí las mujeres no pueden conducir.

—¿Que no pueden? Tú estás p'allá.

—Oye, no me insultes, te crees que estás sola en el mundo, tía. —Mercedes, habitualmente apacible, estaba enfadada y gritaba.

—Mercedes, tranquila, déjala que vaya si quiere. Lo más probable es que no tengan coches o sean un cascajo o vete a saber.

—Es que me tiene hartita Mariángeles. Siempre hay que hacer lo que ella dice, ir a donde quiere y pedir lo que a ella le da la gana.

—Voy a alquilar ese coche, aunque sea lo último que haga en este mundo, ¿y sabes por qué? Porque me sale del chocho y si no te gusta te vas a la mierda.

Mariángeles salió disparada. Mercedes volvió a sentarse y se echó a llorar. Carmen le pidió al camarero café para todos. Federico había perdido su sonrisa y tenía una mueca de terror en la cara.

—Vaya viajecito que me estáis dando entre las dos —dijo Carmen encendiendo un cigarrillo y echando el humo hacia Mercedes, que se limpiaba las lágrimas con un kleenex.

—Es ella, que es insoportable y está histérica.

—Histéricas estamos las tres. Debe de ser por tener que compartir una habitación, cosa que yo no había hecho desde que estaba interna. Cuando salí juré no volver a hacerlo en la vida y aquí me tienes.

—Es ella, que se cree el ombligo del mundo. Pide ser primera para ir al baño, hace caca y deja un tufo que no hay quien lo quite luego.

—A ver si te crees que tu caca no huele, guapa.

—Llena la repisa con sus frascos y potingues y yo tengo que tener mis cosas en el neceser, porque no me deja sitio.

—Bien que te gusta usar sus potingues, reconócelo.

—Y ahora quiere alquilar un coche, sólo para hacer su santa voluntad. Pues conmigo que no cuente. Yo sigo el programa previsto. Mañana nos vamos al desierto tres días, y está todo preparado y pagado. ¿Verdad Federico?

Federico hacía gestos con la mano de desentenderse totalmente.

—Oye, Merceditas, ¿no te habrás enrollado con este garrulo en plan pasión turca, verdad?

El camarero puso los cafés en la mesa. Mercedes se precipitó a beber el suyo. Hizo un gesto de rechazo.

—Es de manga o de recuelo.

—Qué raro, algo que no te gusta de aquí. Tú, que eres tan positiva en todo.

—Tú también la estás tomando conmigo. A ti no te he hecho nada.

Carmen decidió no contestar y mirar para otro lado. Alguna gente había empezado a comer, porque el lugar también era restaurante. El cuscús olía bastante bien y parecía abundante.

—Me está entrando un hambre indescriptible.

—¿Vas a venir al desierto con nosotros o no?

Mercedes había recuperado la calma.

—Huy, con nosotros, ¿te refieres al capullo este y tú?

—No seas idiota. Vamos en grupo.

—Si quieres que te diga la verdad, me da pereza hacer en un todo terreno trescientos kilómetros para ver dunas y palmeras y volver. Y si sigue lloviendo, todavía peor. Y si seguimos enfadadas, pues ya es el acabóse.

—Yo no estoy enfadada.

—Sí lo estás, Mercedes.

—¡No estoy enfadada te digo!

—Vale. Pero a lo mejor yo sí estoy enfadada.

—Ah. Eso es otra cuestión. ¿Pedimos de comer o qué?

—Vamos a esperar a que vuelva Mariángeles a ver qué opina ella.

—¿Lo ves? Siempre tenemos que esperar a Mariángeles y hacer o no hacer lo que a ella le sale del moño.

—No seas ordinaria, Mercedes, parece mentira que seas maestra. Además, qué va a decir Federico.

Federico no decía nada, aguantaba estoico la bronca, entre otras cosas porque si bien hablaba español lo entendía regular, sobre todo el castizo.

Mariángeles irrumpió agitando en la mano unas llaves de coche, sonriente y alegre.

—¡Vamos chicas, lo tengo! Un Renault Clio. Túnez es nuestro. Me ha costado una fortuna, pero lo tengo.

—Pues yo no pienso colaborar en los gastos, eso seguro —dijo Mercedes.

—Si yo no he dicho que tuvieras que participar. Eso corre de mi cuenta. Es un regalo. Para empezar podíamos ir a Sfax a poner un fax ¿eh? ¿No os hace gracia? Pues a mí sí, me parece gracioso ir a Sfax a poner un fax. Es la monda. ¿O no? ¿Todavía estás cabreada, Mercedes? No lo puedo creer.

—No estoy cabreada, estoy harta de ti y de tus chistes malos y de tus potingues y de tu prepotencia. Eso es lo que estoy.

—Yo creo que deberíamos comer, tenemos el estómago vacío y eso es fatal para las relaciones humanas. Casi todas las broncas y las peleas suceden antes de comer y muy pocas después, lo he leído en un libro. Yo tengo tanta hambre en este momento que puedo morder.

—¿Comer en este sitio inmundo? Ni hablar. Vamos a coger el coche y a buscar un lugar paradisiaco, delicioso, donde hagan un cuscús especial, que recordaremos toda la vida. Tú puedes venir si quieres, Federico.

Mercedes aún tenía los ojos colorados:

—Yo me voy al desierto. A Carmen no le apetece y supongo que a ti tampoco te apetecerá.

—Al desierto, en grupo y tres días, ten la seguridad de que no me apetece. Y a ti tampoco, Mercedes, no te pongas ñoña.

—Me pongo como me da la gana. Es mejor ser ñoña que nazi, como tú, que eres nazi y además inculta. El desierto es maravilloso, es un lugar mágico, lleno de energía, espiritual.

—Además de *La pasión turca* también te has traído en el coco *El cielo protector*.

Comieron cuscús en el restaurante de Al Madhia y se pelearon y discutieron durante toda la comida. Mercedes volvió a Monastir con Federico y los alemanes. Carmen y Mariángeles regresaron en el coche alquilado, que estaba sucio por dentro y hacía ruidos sospechosos, bajo una lluvia copiosa que poco a poco inundaba las cunetas y amenazaba con inundar la carretera, no muy transitada afortunadamente.

Carmen y Mariángeles apenas hablaron durante los sesenta kilómetros, que se les hicieron eternos, con cruces constantes por carreteras imposibles que atravesaban pueblos monótonamente parecidos los unos a los otros. Y naturalmente, cuando pensaban que ya estaban llegando, se encontraron con que se habían perdido.

—Te dije que torcieras a la derecha, no sé por qué razón giraste a la izquierda —dijo Carmen estudiando el mapa.

—Giré por donde indicaba la flecha. No es mi culpa si la flecha estaba mal puesta.

Mercedes había parado el coche.

—Qué pueblo es éste, qué pone ahí.

—Ahí pone Djemmal, y debería poner Molchine.

—Ya. Y los indicadores que hay allí, qué ponen.

—Tú los ves igual que yo.

—No veo a esta distancia, no me he traído las gafas de ver de lejos.

—¿Y cómo conduces entonces, de oído? Yo desde luego no veo ni torta, y con la que está cayendo.

—Pues bájate y vete a mirar.

—Ni loca, acerca el coche, si acaso.

Mariángeles acercó el coche al cruce y se detuvo. Un camión que venía detrás a punto estuvo de arrollarlas. El conductor empezó a tocar la bocina como un poseso.

—Me cagoensuputamadredemierda —vomitó Mariángeles. Echó el freno de mano, bajó del coche y se dirigió al camionero, que dejó de tocar el pito.

Carmen veía por la ventanilla de atrás la silueta de Mariángeles y la cabeza del camionero y un brazo indicando una dirección. Mariángeles regresó al coche.

—La hemos cagao. Hemos hecho treinta y cinco kilómetros para atrás y tenemos dos opciones: volver o hacer cincuenta kilómetros, pero veinte por estas carreteras y el resto por la autopista.

—La segunda opción me parece más sensata.

Mariángeles metió la primera y dio la vuelta en redondo.

—Vamos por donde vinimos, es más seguro. Ya me sé el camino por lo menos.

—Siempre hay que hacer lo que a ti te da la gana, es increíble. Va a tener razón Mercedes.

—No es el momento de ponerse borde. La que conduce soy yo, el coche es mío, o sea que llevo ventaja.

—Eres más nazi que Hitler, tía.

—Bueno, no empecemos, Carmen, que me voy a cabrear de verdad, me tenéis podrida, vaya viajecito que me estáis dando entre las dos, coño. Y este puto coche no tiene radio, encima.

En medio de la carretera había alguien.

—¡Para, para, hay un hombre ahí en medio! ¿No lo ves?

—Querrá vendernos algo.

—¡Para, mira! Hay un coche volcado y un hombre en el suelo. Para el coche, joder.

—Lo que nos faltaba. No pienso parar.

Mariángeles aceleró al llegar a donde estaba el hombre agitando los brazos. Sobre la cuneta una camioneta tumbada y un hombre con pantalón y chaqueta y un turbante en la cabeza.

—Pero cómo no vamos a ayudar a un herido. Pobrecitos. Tienes horchata en las venas.

—Qué quieres que hagamos, Carmen. No somos médicos ni podemos hacer nada más que meternos en líos. No es nuestro problema.

—Es increíble, nunca pensé que fueras tan, tan...

—Tan poco Teresa de Calcuta. Hija mía, sé realista.

—Esto no lo olvidaré nunca.

—Ni yo tampoco. Como sigas dándome la vara, te dejó aquí mismo, y te las arreglas como puedas. Dios Santo, qué cruz, de verdad.

Al día siguiente, Carmen se fue a Túnez y cogió un avión a Madrid. Mercedes se fue al desierto con los turistas y Federico. Mariángeles emprendió camino a Sfax, pero el coche la dejó tirada en la autovía a cincuenta kilómetros, con tan buena suerte, que a los cinco minutos pasó por allí un fantástico Mercedes

530 conducido por un francés que la recogió y se enrolló con ella. El francés tenía una granja agrícola y una cantera en los alrededores de Sfax y Mariángeles lo pasó tan bien que estuvo tres días más de los planeados.

Las tres amigas no volvieron a ser amigas, aunque siguieron viviendo en la misma ciudad, no se veían nunca. Se evitaban, y cambiaron de rutina sólo para no encontrarse o coincidir. Ninguna de las tres acertaba a comprender cómo habían sido amigas durante tanto tiempo, cómo habían podido soportarse. El viaje a Túnez les había revelado que no hay amistad que cien años dure. Y perdieron la fe en las guías turísticas.

La mujer total

Hubo un tiempo en que no alcanzaba a comprender cómo podía haber mujeres que salieran a la calle sin pendientes. Para mí era como salir en pelota picá, aún tengo más de cuatrocientos pares de zarzillos metidos en una caja de botas Charles Jourdan que me compré en 1992, cuando a los sevillanos nos entró la furia del derroche y la algarabía. De aquellas botas, preciosísimas y carísimas, todo hay que desirlo, sólo me queda la caja, como de los muertos sólo queda el ataúd en el que viajan al camposanto.

Pero qué botas, Carlota: de un cuero de ternera fino, brillante, suave como el culito de un bebé. Ligeramente puntiagudas por delante y un tacón justo, ni mucho ni poco, adornado con piedras de colores —verdes, azules, rojas, amarillas— y transparentes, que formaban un arabesco divino que subía hasta casi el tobillo. Qué bellesa. La caña era como un guante de seda que se pegaba a la pantorrilla y trepaba, ajustada, hasta medio muslo. Desde que me las probé en la tienda, porque se empeñó Paula, que iba conmigo de compras ese día, supe que esas botas tenían mi nombre en su alma. Me embargué entera, hasta la virginidad que nunca tuve, pero por Dios, que esas botas serían mías.

Lo recuerdo muy bien. Me las compré a finales de marzo del 92 y no me las quité hasta después de la feria del año siguiente, ya toda Sevilla en plena decadencia y con una resaca que no veas. Todos los sevillanos nos sentíamos unos desgrasiaos después de los fastos, pero a mí me quedaban las botas, que me levantaban la moral, me consolaban del waterlú general.

El 92 fue mi año. Yo creo que todos los fastos, la Expo, los puentes nuevos, los patitos en el Guadalquivir, Azabache, y hasta el Quinto Centenario, todo lo organizó Dios para celebrar mi primer año como lo que soy, una mujer. Una mujer de cuerpo entero, en cuerpo y alma, una mujer total, un peaso hembra. Hasta entonse era un travesti distinguido, un transformista, un transesual, como usté lo quiera llamar, pero un gachó que se vestía de mujer. Que daba el pego, y cómo. Pero yo seguía con mi cosa aquí delante y mis huevos, chuchurríos, pero que ahí estaban los mendas para joder la marrana y la línea.

Yo veía los anuncios de ropa interior en el *Marie Claire* y se me llevaban los demonios, que me perdone la Virgen de Triana, viendo esa curva perfecta en los bajos de la braguita de algodón ribeteada de encaje. A mí nunca me quedaba así, siempre se notaba de por medio ese burto estúpido de la picha de los cojones. Qué sufrimiento, señor Dios.

Lo demás, y modestia aparte, bien. Vamos, que muy bien. Unas tetas, que aquí puede usted verlas, que da gloria. Grandes, firmes, un pezón rosa oscuro que para ellas quisieran muchas. Una cintura guay del paraguay y un culo reondito, sabroso, que se movilisa que da corriente cuando bailo rumba. Un muslo duro como el de una criada y una pantorrillas rellenitas y un tobillo fino como un junco. Y los pies, la envidia de todas mis compañeras de tablao, vamo. Tengo más arqueado el empeine que muchas mujeres de nacimiento.

Pero qué injusta es la vida, mire usted. Yo, con ese cuerpo de sirena, de modelo, de arrebato y de escándalo, con una picha asquerosa colgando como chorizo en un clavo de la despensa. Qué desgracia, por Dió. A finales del 91 decidí operarme. Bueno, lo había decidido hacía mucho tiempo, pero hasta entonces no tuve recursos económicos, que se dice. Trabajo no me faltaba, gracias a la Virgen del Rocío, que siempre me ha protegío, la Santa Señora, alabado sea el Cristo de los Faroles.

Pero claro, también tenía yo muchos gastos, porque desde que mi padre y mi madre me echaron de casa malamente, cuando yo tenía diesiocho, diesinueve, y todo porque mi hermano mayor me vio en una disco bailando bakalao vestida de mujer. Bueno, pues a lo que iba: que tenía yo muchos gastos, un apartamento, vestuario, y yo qué sé, que se me va el dinero entre los dedos como si fuera agua clara.

En el tablao de mi tío Juan de Dios, que abrió uno a primeros de los noventa en el barrio de Santa Cruz, y él se empeñó en que yo trabajara y bailara allí, y la verdad es que tuvo un éxito de no creer. Vamos, allí corría el dinero como corre el suavisante en la lavadora. Allí conosí a Julián. Qué hombre, qué pasión. Mira que yo era arisca y despegada, que yo nunca he querido liarme en serio con nadie, tú, que nunca me he creído que un gachó de verdad pueda enamorarse de una tía que parece una tía pero que no es una tía, vamos, no sé si me explico. Lo de follar, lo entiendo, eso está claro. Pero ya el querer de verdad, nunca me lo he creído. Así que cuando se ponían pesaos, puerta, que te he visto Evaristo.

Pero Julián no, Julián se quedó con mi persona pirriaíto perdido. Me traía, me llevaba, me enamoraba, me regalaba, me festejaba, me tenía como una reina. Todo dulzura, ternura y delicadeza. Así que ya un día le dije: mira, Julián, si tú quieres de verdad que lo nuestro funsione de verdad, yo me tengo que operar. Así no podemos seguir. Tú eres un hombre muy hombre y necesitas una mujer muy mujer.

Y me fui y me operé. Lo pasé canutas, oye, Julián me pagó todo los gastos, eso sí. Qué suerte he tenido en la vida, no lo puedo creer, Virgen de la Macarena, qué buena has sío conmigo, guapa. Total, a los tres meses, ya estaba yo en circulación. Me miraba al espejo y alusinaba a cuadro. Ni más, ni menos, un milagro. Ya no tenía nada que envidiar a nadie. Ni a Rosío, ni a Claudia, ni a Paula, ni a Gina, ni a la madre que las parió. Vamo. Recuerdo que iba a la Expo al caé la tarde a darme un garbeo y tomar unos vinos y eso. Osú, me ponía las botas de Charles Jourdan, una fardita negra de cuero fino muy ceñida, y muy cortita, to hay que desirlo, un body pegado, rojo, en la sintura una cadena de oro, bueno, una chatarra dorada, y una chaquetilla corta de seda blanca que tenía unas incrustaciones de estrás. La melena suerta, lisa, divina, que he tenido yo un pelo divino siempre grasia a Dió y a la Virgen de Regla, mi cuti de sueño, mi labios rojos y esos ojos negros que ha tenío a bien de regalarme el Santo Cristo de Limpias, bendito sea, maquillaos como Cleopatra, que miraba yo p'arriba y se fundían los semáforo en la calle, vamo.

Iba con Julián, cenábamos en algún restorán fino, y ya se sabe que los restaurantes fino son caro. Nos poníamos moraos de persebe, de marisco, de jamón, de langostino de Sanlúcar, la Virgen del Puerto, qué manera de comer cosa buena. Y yo no engordaba ni un gramo, tú. Luego a bailar hasta las seis, siete de la mañana. En el tablao tenía un éssito que no se puede creer.

Y yo ya era una mujer total. Era una mujer de la mañana a la noche. Yo siempre había sido muy tradicional y muy femenina. Que Dió, en un momento de descuido, me hubiera dado a mí una polla fue un error que cometió y que yo le perdono, porque todo el mundo comete errores, inclusive Dió, oye, también se puede equivocar. Pero yo y Julián le ayudamos a deshaser el entuerto, y la santísima Virgen de los Dolores. Yo, muy femenina, nunca he salío de casa sin mi maquillaje, más o menos dependiendo de la hora y del propósito, tú ya me entiendes. No me he puesto un pantalón, por Dió, que cosa más fea los pantalones, y hay que ver lo que les gusta llevarlos a algunas mujeres, que se creen tan liberadas porque llevan esa prenda poco estética. ¿Y esas chaquetas anchas con hombreras, totalmente de hombres de los años cuarenta, que a todas las hace lisas como la tabla de lavar y todas iguales. Vamos, qué horrible, Dió.

Yo, mis pendientes siempre. Más grandes, más pequeños, pero yo siempre impecable, con detallitos, todo. Y luego que a mí me gusta que me traten como a una mujer. Que me dejen pasar primero por la puerta, que me abran el coche y me ayuden a bajar, que me arrimen la silla, cocinar, arreglar la casa, planchar las camisas, estar pendiente de él. Es una divinidad ocupar tu papel de mujer, donde corresponde. Y si él llega a casa cansao, pues tú le relajas, le preparas una cenita y una copita, una tapita. Si quiere ver el fúbol en la tele, oye, está en su derecho. Si quiere tirar la toalla después de ducharse, y dejar la ropa un calcetín p'allá y otro p'acá, está en su derecho. ¿Que grita un día porque la camisa no está bien planchada? Pues tiene más razón que un santo, si quiere que le diga, porque yo tengo obligación, como mujer, de plancharle la camisa como mandan los cánones. Si no no estaría conmigo, estaría con una tintorería, vamos. El hombre en casa es el rey, y eso no tiene vuerta de hoja. Se hace lo que él quiere y cuando quiere, y así es la cosa, mariposa. La mujer, siempre un paso atrás y a acompañar, a querer mucho, que los hombres necesitan mucho cariño, mucho amor, mucha tranquilidad, mucho sosiego, mucho mimo.

Cuando yo todavía no era una mujer total, sólo por dentro, yo sentía que mi papel era ése, de esclava, de dependiente, de respeto, de humildad. Me ponía mala, malita de verdad, de meterme en la cama con fiebre, toda esa bulla de las feministas que quieren ser igual que los hombres. Por Dió, no sabéis lo que tenéis siendo mujeres, haced de mujeres, sed mujeres, comportaos como mujeres y dejaros de joder la marrana con tanta reivindicación y tanta leche, que estamos perdiendo nuestra identidad. Que las mujeres Dió las creó para dar goce a la vista, al espíritu, para ser amada por el hombre para su solaz y satisfacción. Y la que no entienda eso está majara. Y para tener hijos, los que Dios quiera, y sacrificarse sin rechistar, con alegría. Yo hijos no puedo tener, pero quién te dice a ti que un día no adoptamos uno, un churumbel que nos traiga alegría a Julián y a mí. Yo, como madre, tendré que cuidarlo y atenderlo, educarlo, todo eso. Tendré que dejar el tablao, mi obligación lo primero, ocuparme de Julián y del niño o la niña, yo prefiero un niño, los varones están más cerca de su madre siempre. No va a ser Julián el que se levante por la noshe para darle el biberón al crío, como en los matrimonios modelnos. Tengo unas ganas de tener un niño, Dió, por Dios, ya sé que has hecho muchos milagros en mi persona, y te estoy agradecida, pero haz otro esfuerzo, el último, ya no te pido más, ni a tu santísima y gloriosa madre tampoco, sólo dame la oportunidad de ser madre, vas a ver cómo no te decepciono, santo Cristo, ten piedad de tu sierva.

Yo no sé últimamente lo que me pasa, pero algo me está pasando raro. Veo la caja de Charles Jourdan con los más de cuatrocientos pares de aros —y eso que he regalao unos cuantos a Paula, a mis sobrinas, a Luz, a Mar, a Sole...—, no sé si tirarlos, porque hace semanas, qué digo yo, meses, que no me los pongo vaya donde vaya. Sólo cuando tengo que bailá, pero eso va con el vestío de faralae, como la pañoleta, es un complemento nesesario, profesional.

Y fíjate que antes yo iba por la calle vestía de mujer, sin serlo, tú cómo lo ves, y tengo que reconocer que iba pidiendo guerra, mirando a los hombres a los ojos a ver si se fijaban y me desían algo, un piropo o una guarrería, lo que fuera, porque hay que ver los gachós cuando ven un glúteo y un buen par de piernas, lo que pueden llegar a desir.

Pues de un tiempo a esta parte, mira tú que me pone furiosa que cuando entras en un bar, para tomarte una cervesita, un cafelito o lo que sea, qué sé yo, y el cabrón del camarero no te quita los ojos de las tetas, o como me pasó el otro día hase poco, que fui a comprarme unas sandalias y el encargao me sobaba la pantorrilla que era demasiao. Oye, a mí antes eso me gustaba, me hasía grasia, el vacile ese de coquetear con los desconocidos. Pero lo del zapatero me dio un coraje, me pareció un atrevimiento tan grande, una pasada tan poco a propósito, que le arreé una patada en los huevos según tenía las dos manos, una en mi pantorrilla y la otra sujetando el calzador, que el menda se cayó p'atrás y no se podía levantar del dolor el hijoputa.

De verdad, me pareció una falta de respeto, un abuso de prepotensia, un descaro, tocarle la pantorrilla a una clienta, vamo, y sólo porque es una mujer. No quiero pasarme, porque yo no soy feminista, pero el poco respeto que algunos hombres tienen por las mujeres, vamos, es que es de escándalo. Juan de Dios a su sobrina Puri la riojana, que es un bellesón que canta mejor que Camarón, todos los palos canta la chavala, pero mi tío, que se la trajina desde hase años, le hace la vida imposible, la trata como a un trapo, disen que le pega y tó. Y ella callada, sin quejarse, porque ella dise que su tío es su tío y ella no tiene padre ni madre y a dónde va ir. Con lo bien que canta esa niña puede trabajar en donde le salga del chocho, en Madrid o en Barcelona, o en Japón.

Asín que yo no les paso ni una. Ahora que soy ya una mujer de cuerpo entero y con todas las de la ley, bueno con todas las de la ley todavía no, ésa es la verdad de la verdad, que aún tengo en el carné de identidad Gerardo García García, sexo varón, pero con el tiempo ya se verá y se hará lo que hay que hacer para remediar ese error. Pero es lo que le dije yo el otro día a un guardia de tráfico que me paró, iba yo conduciendo el coche de Julián tranquilamente y me pidió el carné de conducir y el hombre se hacía cruces y no hacía más que repetir: ¿pero de verdad es usted Gerardo García García? y yo que sí pero que no, soy más tirando a Gerarda que a Gerardo, pero sigo siendo Gerardo, ya ve usted, nadie es perfecto. El hombre ante la confusión que tenía y eso, me dejó ir, era demasiado para su caletre.

Mi Julián últimamente está también un poco rarito, mira tú por donde. Aunque él dice que soy yo la que ha cambiado. El caso es que ya no me hace tanta grasia que me manosee a lo bestia y que aluego me dé por ahí, oye. Que una tiene su orgullo y sus ganas de hacerlo como Dios manda. No quiero hacer más el amor como un marica, quiero hacerlo como una mujer. Y además con respeto y suavidad. Y él se cabrea y dise que me he vuelto idiota. El otro día me dijo una cosa que no se la voy a perdonar. Me dijo que cada vez me parezco más a su madre, me cago en la puta. Será posible.

Yo de verdad, ya digo, no soy feminista ni nada de eso, pero a mí no me toman el pelo ni me mandan, ni me explotan, ni me zarandean, ni me tratan como a un mueble porque soy mujer, de eso nada. Primero soy un ser humano, oiga. Y si ya soy una mujer, mi sufrimiento, mi trabajo y mi dinero me ha costado y no va a ser que me pase medio mundo por encima como si fuera una alfombra, vamos. Ni hablar del peluquín. Así que ya, últimamente, he jubilado los bodis ceñidos y las faldas a medio muslo y los boleritos de lamé y me he apuntado a los pantalones anchos y las chaquetas sastre, y que les den morcilla a los tíos, se van a enterar, joder, lo que vale un peine, y no les voy a pasar ni una, caiga quien caiga. Y te voy a desir otra cosa: hay días que entiendo a mi amiga Nuri, la pobre, que lleva una vida de perro que le da el Galleta, y que tantas veces la he oído decir que si volviera a nacer y le dieran a elegir, nacería tío. Hay días que la entiendo, mira tú.

Morir de vivir

Amparo iba a la peluquería todos los miércoles sin faltar uno. A las diez y media, minuto más, minuto menos, aparecía en el portal del 22 de la calle Santa Teresa, saludaba a Remedios que fregaba el portal o le daba brillo al pomo de latón dorado de la escalera o pasaba el plumero por las rejas del ascensor, según. Porque así como Amparo era muy puntual y metódica y todo lo hacía a la misma hora y por el mismo orden, Remedios no, Remedios hacía las cosas según le apetecía, de manera que nunca había forma de saber qué hacía Remedios y cuándo. Remedios, como buena portera, era muy parlanchina, se enrollaba como una persiana con todo el que se pusiera a tiro. Amparo se preguntaba si para ser portera hay que ser muy charlatana o una se vuelve charlatana porque es portera. El caso es que todas las porteras que conocía Amparo, tampoco es que conociera a muchas, ocho o diez máximo, todas hablaban por los codos.

Remedios le devolvía el saludo a Amparo y enseguida hacía una observación cualquiera, «qué buen día hace hoy», o «hoy no se escapa sin llover», o «ha visto qué horror el crimen del taxista», o «hoy no tendrá que esperar, va a estar usted solita», o cualquier otra frase que se le ocurriera con tal de pegar la hebra. Al principio, Amparo, que más que educada era tímida, se detenía antes de llegar a la puerta del patio para cruzarlo y alcanzar la peluquería que estaba en el Bajo C, y contestaba cualquier cosa para salir del paso y continuaba andando. Pero la Remedios la seguía, contándole toda clase de cosas que, la verdad, no le interesaban nada. Un día que Remedios amenazaba con describir de pe a pa las guarradas que hacía el perro de unos nuevos que habían llegado al ático, Amparo la cortó en seco:

—Perdone, pero tengo mucha prisa. En cuanto salga de la peluquería tengo que llevar a mi marido al ambulatorio. Tenemos cita con el nurólogo.

—¡Ahí va! ¿Qué le pasa a su marido? Una infección o algo.

—No, dolores de cabeza, y se le olvidan las cosas, y el pobre se pierde en la calle, y de repente no sabe si es de noche o de día.

—Anda, eso es una cosa que he visto yo por la tele, una enfermedad con un nombre muy raro como

Almaser o algo así. Huy, pues eso es malísimo, doña Amparo, no sabe cuánto lo siento.

—Gracias. Ya veremos lo que dice el nurólogo. —Amparo había alcanzado ya la puerta de la peluquería «Carlos y Tere», que estaba como siempre entreabierta—. Adiós, hasta luego.

Remedios se quedó con la palabra en la boca:

—Hay que ver, no somos nadie, ande, ande, hágase los rulos, que le ha caído una buena con el Almaser, madre de Dios...

Y siguió barriendo y hablando sola.

El médico les dijo que hasta que no le hiciera a Martín una serie de pruebas y de exámenes no podía decir qué le pasaba. Pero a Amparo no le gustó nada la cara del médico ni las miradas que cruzó con su enfermera, cuando le dijo:

—A este señor le vamos a hacer un EE 27, un SC 140 y un CTL5 200, a ver si conseguimos tenerlos cuanto antes. Mientras, le voy dar unas pastillas y se va a encontrar mejor, ya lo verá. No se preocupe.

—Doctor, ¿usted cree que puede ser la enfermedad esa que se llama, no sé cómo se llama, pero terminan por no poder ni comer ni hacer pis, ya sabe, hablan mucho en la tele?

—¿Alzheimer? ¿Quiere que le diga una cosa, señora? Yo puedo parecerle demasiado brusco, pero prohibiría que se hablara en la tele de ciertas cosas y a muchos de los que pretenden saber algo y no saben ni hacer la o con un canuto y lo único que hacen es aterrar a la gente, les hacía una lobotomía y los dejaba tranquilitos para el resto de su vida. No haga caso de las tonterías que oiga usted por la tele.

—Si yo casi no veo la tele, doctor. Me lo ha dicho una vecina.

—Ya comprendo, bueno, pues dígale a su vecina que tomaré buena nota de su consejo tan entendido a la hora de hacer el diagnóstico. Martín, tómeselo con calma, no se angustie ni se preocupe. Le firmaré la baja, eso sí, necesita descanso.

—Estoy cobrando el paro desde hace seis meses y hago chapuzas de vez en cuando en el barrio, con el coche hago portes también.

—Pues no haga portes, no conviene que conduzca, Martín.

—Si estoy bien, doctor. Cuando me duele la cabeza, me tomo una pastilla y se me pasa, por lo demás, ésta exagera mucho.

—Qué vas a estar bien, si el otro día te perdiste, creías que estabas en Cáceres —dijo Amparo, que llevaba muy mal que Martín la llamara «ésta»—. Cuéntaselo al doctor. Y el otro día, te metiste en la cama a las cuatro de la tarde porque creías que eran las cuatro de la mañana.

—Eso no es más que un despiste, yo siempre he tenido mala cabeza.

—Yo, Martín, preferiría que no condujera usted hasta que tengamos los resultados de las pruebas y estemos totalmente seguros de que todo está perfectamente.

Martín empeoraba por días. El dolor en la cabeza era constante, siempre en el mismo sitio. Se le caían las cosas de la mano, se olvidaba de cerrar los grifos, le daban ataques de violencia y sin previo aviso arremetía contra el televisor o intentaba arrancar las cortinas o tiraba los platos al suelo. Luego se quedaba jadeante, postrado, como medio inconsciente, balbuceando cosas que nadie entendía. Amparo se pasaba el día limpiando lo que ensuciaba Martín, ordenando lo que desordenaba Martín. Lo sacaba a pasear, pero de repente se enfadaba con ella porque quería ir por una calle determinada o porque quería cruzar fuera del paso de cebra y empezaba a gritarla y a llamarla de todo. Las pastillas le calmaban, pero le dejaban hecho polvo.

Al fin, una tarde el neurólogo les recibió y les dijo que Martín tenía un tumor en el cerebro y que iban a intentar operarle lo antes posible, que de momento no había camas, pero que en cuanto fuera posible le operaban. Que había que tener paciencia y que no se preocuparan, que todo estaba bajo control.

Amparo esa noche lloró sola, encerrada en el cuarto de baño. Estaba segura de que Martín se iba a morir y ella se quedaría viuda sin nadie en el mundo. Sus padres habían muerto hacía diez años. Su hermano Carlos, de cirrosis, el año anterior. De todas maneras, no se habían visto desde que los padres se intoxicaron con el pesticida que utilizaban para curar la parra. Amparo no había podido tener hijos. Los primeros cinco años Martín y ella lo intentaron de verdad. Pero luego ya, en vista de los nulos resultados, dejaron de hacer cosas en la cama. Martín, que trabajaba en una fábrica de envasado de alimentos, volvía siempre cansado a casa, y ella cogió un trabajo como empaquetadora en un laboratorio farmacéutico. Llevaban una vida muy rutinaria, ordenada y solitaria.

Amparo tenía la casa como los chorros del oro, todo ordenadito, reluciente. Sus vecinas la envidiaban porque, al no tener niños, podía permitirse el lujo de un suelo reluciente, plantas verdes y frondosas —les dedicaba mucho tiempo, dinero y atención, eso sí— y la tapicería de los sofás impecable, y todo en perfecto orden y armonía. Amparo estaba muy orgullosa de su casa, aunque rara vez entraba nadie que no fuera Martín. No le gustaban las vecinas, que eran cotillas y vocingleras y siempre se estaban quejando y no hablaban más que de ir al bingo y de comprarse cosas por la teletienda. Sus amigas de joven vivían lejos, y no las veía jamás. Todas estaban también llenas de niños y de problemas. Martín se llevaba fatal con su familia. Su madre estaba medio paralítica en silla de ruedas y su padre con tensión alta y problemas de riñón. Sus tres hermanas estaban casadas y vivían una en Canarias, otra en Andorra y otra en Portugal.

En el laboratorio donde trabajaba Amparo habían hecho una regulación de plantilla y a ella y a otros cincuenta los habían puesto de patitas en la calle con una indemnización ridícula y el paro.

A Amparo no le importó, porque tampoco necesitaban tantas cosas o tenían tantos gastos. Se puso a coser y a bordar y a hacer punto como cuando era pequeña, tal y como le enseñaron las monjas en el colegio de su pueblo. Los miércoles por la mañana a las diez y media iba a la peluquería. Una vez al mes se daba mechas —lo hacía desde que tenía dieciocho años— y ahora a sus cuarenta y tres, seguía haciéndolo, para tapar las canas. Tenía un pelo medio corto, rizado y fuerte, en tiempos fue castaño claro. Los lunes iba al híper, dos manzanas más abajo de su casa y siempre compraba lo mismo: filetes de cerdo para el lunes, morcillo para el cocido del jueves

—Martín no podía vivir sin su cocido de los jueves—, dos filetes para empanar de los viernes, dos entrecots para los sábados y cinta de lomo para el domingo por si venía alguien, que nunca venía nadie de todas maneras, pollo para los martes y estofado para los miércoles. También se llevaba alguna pescadilla o un par de rajas de merluza por si alguna noche Martín tenía más hambre de la normal, porque en general cenaban una tortilla con alguna verdura o una sopita.

Recién casados iban a misa los domingos, y estuvieron yendo hasta que ya se convencieron de que no tendrían hijos. Martín un día le dijo:

—No tenemos hijos porque nos hemos casado muy mayores.

—Pero qué dices. Yo tengo treinta y dos, y tú treinta y cinco, eso no es ser muy mayores. Qué tendrá que ver. Además, a lo mejor eres tú el que no puede tener hijos.

—Yo sé que puedo tener hijos. Tengo pruebas.

—No me digas. ¿Qué tipo de pruebas?

—Que dejé preñada a la Valentina una vez.

—Quién es Valentina, ¿la mujer de Eugenio el fontanero?

—La misma que viste y calza.

—Pero qué me estás diciendo Martín, estás borracho.

—Ahora no, que conste. Fue hace años, antes de casarnos tú y yo.

Valentina le sacaba a ella más de cinco o seis años. Era una extremeña flaca y escurrida, muy vehemente y enérgica, que tenía unos ojos negros brillantes como el betún. Todo lo contrario que Amparo, que era redondita y plácida, con ojos grises y dulces.

—Cómo sabes que la dejaste preñada a la Valentina.

—Me lo dijo ella, no te jode. Pero luego abortó.

—Te lo dijo ella. Podía ser tuyo o de cualquiera, los hombres nunca podéis tener la seguridad de ser los padres de nadie.

—En aquella época sólo se acostaba conmigo.

—No me jodas, Martín. Se acostaba con el fontanero, contigo y seguramente con otros. Y a lo mejor a todos les dijo lo mismo.

Amparo está empezando a cabrearse. Según pasaban los minutos, menos le gustaba haber sabido que Martín se había acostado con la Valentina. El decía que había sido antes de casarse con ella, pero a saber. Igual seguían acostándose. O se acostaba con otras y ella ni se enteraba. Sentía el desencanto subiendo por el esófago, la garganta, los labios.

—Yo sí que tengo la seguridad de que puedo tener hijos. Me quedé preñada cuando tenía veintiuno de un primo mío, un verano.

Martín se quedó mirándola con sus ojos azules, más inexpresivos que nunca.

—Eso es una mentira como una casa. Tú nunca te has quedado preñada.

—Pregúntale a mi madre.

—Tu madre está muerta, y tu padre. Los enterramos hace un par de meses.

—Pues pregúntale a la comadrona que me hizo abortar, que vive en Lavapiés.

Martín cerró los ojos y empezó a ponerse colorado, colorado. Parecía como si toda la sangre del cuerpo se le acumulara en la cara. Volvió a abrir los ojos y ahora los tenía como los de un felino, entornados, violentos y penetrantes.

—Te voy a matar, Amparo.

Se levantó de la butaca, pero antes de conseguir ponerse derecho, se cayó redondo al suelo. Amparo estaba paralizada por el miedo que le había entrado en el cuerpo al mirar los ojos de Martín. Ahora él yacía en el suelo, sin moverse, las piernas dobladas, un brazo extendido, el otro debajo del cuerpo, la cabeza ladeada, la boca entreabierta. La rojez de la cara había desaparecido.

A lo largo de los diez años siguientes, Amparo había pensado muchas veces en aquel momento. Nunca había comprendido por qué no gritó, por qué no se movió, ni cuánto tiempo pasó Martín en el suelo y ella de pie mirándole. Sólo recordaba que no se podía mover, que las orejas le abrasaban, que pensó en ir a la cocina a por agua, en pedir ayuda, en agacharse a tocar a Martín, pero que no pudo hacer ninguna de esas cosas. Lo que más le impresionaba siempre que recordaba aquel día era la ausencia de la sensación del tiempo. Hay gente que ha visto la muerte y luego ha vuelto a la vida para contar la experiencia. Ella sabía exactamente lo que era estar fuera del tiempo, incluso fuera de su cuerpo.

Al cabo de los ¿segundos? ¿minutos? ¿años? ¿siglos?, Martín se movió y ella se agachó para ayudarle a levantarse. Había vuelto del viaje en el tiempo.

—Martín, levántate. Deja que te ayude.

—¿Qué ha pasado?

—No sé, Martín, creo que te has desmayado. Siéntate. ¿Te has hecho daño? ¿Te duele algo?

—No, estoy bien, no me duele nada. No sé qué me ha pasado. No lo entiendo, estaba tranquilamente leyendo el periódico y de repente, estoy en el suelo. ¿Qué sucedió?

Martín miró a Amparo y sus ojos eran los de siempre, pálidos, bonachones, inofensivos, tranquilizadores y, aparentemente al menos, pensó Amparo, no se acuerda de nada. Es cierto que cuando habían empezado a hablar, Martín estaba leyendo el periódico, y algo había debido leer que le hizo empezar a hablar de por qué o por qué no tenían hijos, pero de lo que hablaron no parecía recordar nada.

—Me has dado un susto de muerte, Martín. Te ibas a levantar del sillón y te has caído al suelo. Ha debido ser un desmayo, una bajada de tensión, algo así.

Amparo nunca volvió a hablar del asunto y Martín nunca volvió a sacar el tema de los hijos. Lo único que a Amparo le preocupaba era el orden, la limpieza y la rutina. Y controlar el tiempo. No había una sola hora del día o de la noche, un solo minuto que no tuviera su destino, su utilidad. Sabía perfectamente lo que pasaría después de cada cosa. Comprendía que a veces era imposible tardar exactamente el mismo tiempo en lavar los platos, o en hacer la compra en el híper, o en comer, o incluso en la peluquería. Y cuando esto sucedía sentía un desasosiego interior terrible.

El orden y la rutina desaparecieron cuando Martín empezó a ponerse malo. Los viajes al hospital descuadraban el horario doméstico. Unas veces había que esperar horas, otras veces les recibían enseguida, no había manera de prever lo que iba a pasar. Y encima, la familia de Martín empezó a aparecer por la casa cuando se enteraron de que le iban a operar. Las hermanas, los cuñados, los sobrinos venían, se sentaban, tomaban café y bocadillos y hablaban, hablaban, contaban sus operaciones, sus partos, sus enfermedades. Comían y hablaban, hablaban y comían. Y Amparo sufría.

Al cabo de las cuatro semanas, un día llamaron del hospital, que fuera enseguida Martín, que le iban a operar en veinticuatro horas.

Era miércoles y ese miércoles Amparo no pudo ir a la peluquería. Se sentía sucia cuando tomaron el taxi. El día anterior Martín se había enfadado con ella y la había zarandeado sin razón, así, de repente. Esa misma mañana, mientras Amparo hacía la maleta, Martín había tirado los zapatos por la ventana al patio. Amparo le había dicho que bajara a buscarlos y él, agarrándola por los hombros le había gritado: «¡Baja tú, hija de la gran puta!» y luego la tiró al suelo y se fue a la cocina, y cuando volvió al dormitorio ya no se acordaba de nada.

A Martín le instalaron en la habitación 202, que tenía dos camas. La enfermera, que arrastraba los zuecos y mascaba chicle, les dijo que de momento la segunda cama estaba vacía, y le ordenó a Martín que se pusiera el pijama, que el médico pasaría a verle enseguida y que probablemente le operarían por la tarde.

Amparo colocó la ropa de Martín en el armario, y el cepillo y la pasta de dientes, el peine y la maquinilla de afeitar en el baño. Dentro del bidé Amparo vio la cuña que se usa para que los enfermos puedan hacer pis sin levantarse de la cama, y esa visión le produjo un miedo terrible. Tenía la boca seca.

—Está muy bien la habitación, Martín. Tiene mucha luz y está muy limpia —dijo Amparo, sentándose en una pesada silla de acero tapizada de plástico, junto a la cama.

—Me van a abrir la cabeza. Me voy a morir —dijo Martín mirando al techo.

—Pero qué dices, te van a curar. Se te irán los dolores y, además, dan anestesia y no te enterarás de nada. Cuando quieras darte cuenta, estas aquí otra vez, completamente curado.

—Quiero rezar, pero no me acuerdo.

—Padre nuestro que estás en los cielos, el pan nuestro de...

—¡¡Cállate, que me pones nervioso!! ¡¡Cállate!!

Martín se había incorporado de la cama y la miraba con cara de perro rabioso.

Amparo se levantó y colocó la silla junto a la pared.

—¿Dónde vas ahora, qué haces?

—Voy a tomarme un café, Martín. Creo que te pongo nervioso. Voy a avisar a la enfermera para que te eche un vistazo.

La puerta de la habitación era enormemente ancha y muy pesada. Al cerrarla desde el pasillo, se encontró con la enfermera de los zuecos:

— Señorita, mi marido está muy nervioso. Le han dicho que no tome ningún medicamento, pero el pobre tiene que tomarse la pastilla de los nervios.

—No tiene que tomar nada hasta que lo diga el doctor, señora.

—Puede usted echarle una ojeada, voy a tomar un café. Por favor.

—Vale, señora, no se preocupe. Ahora mismo iré a ver cómo está, vaya tranquila.

La cafetería del hospital estaba lejísimos y encima abarrotada de familias. Se arrimó tímidamente a la barra, pero los camareros, desbordados, no la veían. Al fin pudo pedir un café con leche. Le picaba la cabeza. Su vida no tenía sentido si no podía ir el miércoles a la peluquería. Tenía la sensación de que era el fin del mundo. Debía ser la misma sensación que su padre intentaba transmitirles a su hermano y a ella cuando se ponía a contar lo que sufrió durante la guerra en el frente del Ebro, cuando bombardeaban los nacionales.

El café sabía a rayos, pero la reanimó. Intentó pagar, pero nadie le hacía caso, así que se fue sin pagar. Es una de las ventajas de que nadie te haga caso, de que no te vean.

Subió en el ascensor con una niña totalmente calva que iba en silla de ruedas, empujada por una enfermera que dio al piso ocho, Oncología Infantil, ponía junto al número. Amparo se bajó en el segundo, pensando: «Niños con cáncer, eso sí que es desgracia.» Se rascó la cabeza, le picaba el pelo.

Empujó la puerta de la habitación con lentitud y lo más fuerte que pudo mientras pensaba que a lo mejor Martín ya no estaba allí, que se lo habían llevado al quirófano.

Pero no. Martín estaba en la cama, el cabecero levantado, con los ojos cerrados, las manos simétricamente apoyadas sobre el embozo de las sábanas.

Sin hacer nada de ruido, Amparo cogió su bolsa de labor, que había dejado encima de la cama vacía, sacó el ganchillo y el perlé, estaba haciendo un tapete nuevo para la mesa camilla con un dibujo precioso copiado de una revista. De vez en cuando levantaba los ojos de la labor para mirar a Martín, que seguía inmóvil, dormido. Amparo se preguntó cuántas horas estarían allí esperando. Mejor se hacía a la idea de que la espera podía ser larga. Se acordó de la niña en silla de ruedas, calva completamente, no podía recordar su cara, sólo se había fijado en la manta escocesa que le tapaba las piernas. Ella, de pequeña, había tenido una falda plisada con el mismo dibujo, rayas verdes, rojas y amarillas cruzadas formando cuadros sobre un fondo azul marino. Perdió la hebra y el punto y volvió para atrás, se había equivocado. No le pasaba nunca. Inesperadamente, se había visto de pequeña, con la falda escocesa, completamente calva, ella, que tenía unas trenzas que le llegaban a la cintura. Dejó la labor en la cama y fue hacia el baño para mirarse en el espejo: estaba segura de que se le había caído el pelo completamente, de que estaba calva, y no se atrevía a tocarse la cabeza, quería verlo en el espejo primero.

Oyó a Martín, que gritaba:

—¡¡Dios!! ¡¡La madre que te parió!!

Cuando se dio la vuelta, Martín estaba encima. Le agarraba el cuello con las dos manos, y gritaba:

—¡¡Hija de puta!! ¡¡Eres una hija de puta!! ¡¡Te quedaste preñada y me engañaste!! ¡¡Hija de puta!!

Y apretó, apretó, apretó el cuello de Amparo. Antes de caer al suelo, Amparo pensó: «Ya no tengo que ir los miércoles a la peluquería.»

No quiero

Se supone que te casas y ya vas a ser feliz el resto de tu vida por siempre jamás. Desde que una puede recordar, esa es *la gran verdad*, machaconamente repetida una y otra vez en los cuentos, en las conversaciones y en los consejos de los mayores, ya sean padres, madres, profesores, tíos, curas, maestros o monitores de campamentos de verano.

Sé perfectamente de lo que estoy hablando porque he estado tres años casada con Pedro, después de uno y medio de relaciones intensas, incluso de esas que las amigas cursis de mi madre llaman «prematrimoniales» y los amigos bordes de mi padre «catar el género». Y puedo decir y digo que *la gran verdad* es sencillamente una gran cagada y la única verdad es que es absolutamente mentira.

Cuando me casé tenía veinticuatro años, o sea que no era ninguna cría y tampoco era estúpida. Al fin y al cabo, soy licenciada en Veterinaria y ejerzo de tal, pero una cosa es saber detectar la leptospirosis y otra muy distinta convivir de la noche a la mañana con alguien que ni siquiera es de tu familia y además es de otro sexo.

Antes de casarte todo el mundo te anima a que te cases, incluidos muchos comercios y bares que te hacen un diez o un quince por ciento de descuento. No hablemos de los amigos —incluso, y es lo más sorprendente, los casados y divorciados—, los parientes —cosa normal porque ellos sólo buscan tu ruina—, los compañeros de trabajo, sin hablar de los consultorios de las revistas, de las radios, que no es que yo haya consultado nunca, pero tienes la radio puesta mientras le ligas las trompas a una gata persa con pedigrí.

Mi madre me decía que su abuela solía decir que el matrimonio era bueno para los granos, que se te quitaban radical esos granitos que te salen en la barbilla o en la frente el día antes de algo importante que tienes que hacer. Y mi madre me lo decía muriéndose de risa, burlándose de lo atrasados que eran los tiempos de la abuela, cuando las mujeres acudían vírgenes al matrimonio e iniciaban entonces su actividad sexual.

Tengo la sensación de que ni entonces había tantas vírgenes ni ahora estamos tan adelantados. Mi madre, por ejemplo, se creía muy moderna porque me decía que me tenía que casar porque así aprendería a ser responsable. Como si la responsabilidad tuviera algo que ver con estar casada. Increíblemente y al mismo tiempo te dicen que en el matrimonio hay que ser tolerante y tragar muchas cosas, y eso te hace madurar.

Yo soy, o era, bastante creyente en lo de la religión en la que fui educada, que yo fui a colegio de monjas de pequeña, aunque hice el bachillerato en un instituto. Pero siempre me ha resultado sospechoso, y nadie me lo ha podido explicar, por qué todos los grandes protagonistas del cristianismo, catolicismo o como se llame, son solteros empedernidos. Empezando por Dios, acabando por Jesucristo y pasando por los doce apóstoles. Luego están los papeles secundarios, la Virgen María, Santa Ana, todas mujeres, y ellas sí estaban casadas, aunque tenían dificultades y el Espíritu Santo se tuvo que emplear a fondo y echar una mano. Y para mayor inri, se prohíbe a los curas que se casen, en cambio las monjas están casadas con Dios. Claro que resultaría raro que los sacerdotes se casaran o con Dios o con la Santísima Virgen.

Sin pensar mucho se llega a la conclusión de que el matrimonio no debe ser tan bueno cuando se eliminó de la vida de los grandes hombres y, en cambio, es algo natural en las mujeres. Sospechoso.

Los hombres han sido siempre muy listos. A lo largo de la historia siempre se han buscado las tareas más divertidas: cazar, pescar, jugar a los bolos, montar a caballo, pelearse en torneos, jugar a las cartas o al ajedrez, navegar. Incluso hacer la guerra es mucho más divertido que quedarse con los niños en casa, cocinar, amasar, tejer, barrer la cabaña y remendar los taparrabos, que es el trabajo adjudicado a las mujeres toda la vida.

Ahora ya no es así. Ahora es peor. Pedro y yo por ejemplo. Pedro también es veterinario. Tenemos una consulta en un barrio céntrico y nos va muy bien. O sea, a él le va muy bien y yo trabajo como una negra desde el primer día. A ver si adivinan quién se ocupa de tener el instrumental a punto. Una servidora, naturalmente. O quién se ocupa de acudir a los congresos o a los seminarios. Pedro, claro. Y ¿quién lleva el archivo y la contabilidad? ¿Y quién hace las radiografías? Yo. Pero a que no adivinan quién recibe a los visitadores de laboratorios o firma los certificados oficiales o los estudios importantes. El, claro. Y ya que estamos, quién va al híper a hacer la compra, o se pone el despertador a las cuatro de la mañana para ver cómo van los posoperados internados o los pacientes de la UCI. Yo.

La primera vez que Pedro me llamó al despacho fue para decirme, delante de la dueña de un perro con un tumor en el hígado:

—Carmen, por favor, ¿puedes traerme el historial de Sandunga y las radiografías que le hicimos el mes pasado? Y luego le sacas sangre para hacerle un análisis completo.

—Tienes todo en el fichero detrás de ti. Estoy ocupada con una fractura.

Al cerrar la puerta, oí cómo la mujer, que iba enjoyada hasta los dientes y con laca en el vello púbico, le decía a Pedro:

—Hoy día es dificilísimo encontrar subalternas educadas y eficaces, ¿verdad doctor?

Me quedé escuchando a ver qué decía Pedro. Y dijo lo que no tenía que decir:

—Los tiempos están muy achuchados, doña Angustias, vamos a ver qué le pasa a este perrito...

Estuve sin hablarle cuatro días, pero da igual, nunca comprendió por qué me había enfadado, ni por qué me sentía tan mal.

Ese es el problema, que no entienden. No entienden que el hecho de casarse no cambia nada la relación que puede haber entre dos personas que teóricamente se quieren. Se entiende que por eso se casan. Entonces, por qué a partir del primer día empiezan a pasar olímpicamente de todo lo que antes parecía interesarles: un cierto respeto, un afecto, una ternura, una complicidad.

Porque si el día antes de la boda, le llamas al trabajo, te dice: «Mi amor, estaba justo pensando en ti, te echo muchísimo de menos, estoy deseando que lleguen las siete para vernos.» Pero si al día siguiente de la boda o del viaje de novios le llamas, lo que te dice es: «Estoy liadísimo, dime rápidamente lo que quieres que tengo mucha prisa.»

Y así todo. Unas veces es bruscamente, otras poco a poco, empiezan a no verte, no saben si llevas el conjunto marrón o el rojo, si te has teñido de morado o te has cortado el pelo a cero, si te ha salido bien el ragú o si te apetece ir al cine una tarde que hay partido en la tele, que son todas.

Todo lo que veinticuatro horas antes de la boda eran atenciones, buena educación, complicidad, se transforma en indiferencia, ausentismo, abstracción, silencio o grosería.

—Pedro, ¿por qué no tiras de la cadena, joder?
—¿Qué?
—Que has ido al baño, has evacuado y no has tirado de la cadena.
—Tampoco es para ponerse así.

—No me pongo de ninguna manera, sólo te digo que no has...

—Ya te he oído, ahora voy a tirar de la cadena.

—No te molestes, ya he tirado yo.

—Bueno, pues entonces, qué problema hay.

—Ninguno. No hay ningún problema.

—Bueno, pues si no hay ningún problema, estupendo.

—Venga, dame un beso y aquí no ha pasado nada, tan amigos.

—Pero bueno, Carmen, ¿qué te pasa? De verdad es que no sé a qué viene esto ahora. Estás haciendo una montaña de un grano de arena.

—No es un grano de arena, es que no tiraste de la cadena.

—Y dale, joder. Yo creía que ya estaba claro. No he tirado de la cadena, he pecado, lo siento. Qué más quieres que haga.

—No quiero que hagas nada, sólo he dicho ahora que me des un beso y tan amigos, oye, tampoco te he pedido la luna.

—Yo es que no te entiendo, de verdad. Estoy tranquilo aquí, con mi copa, mi tele, mi periódico, y de repente me montas un pollo por no sé qué de una cadena. Carmen, de verdad, entretente con algo, distráete, porque si te aburres, no la pagues conmigo.

—Pero, ¿tú estás bien de la cabeza? Yo no estoy aburrida, simplemente he ido al baño, he visto que no has tirado de la cadena y como me parece elemental que la gente después de cagar tire de la cadena, coño, te lo he dicho, no vaya a ser que te acostumbres y tenga que ir detrás de ti tirando de la cadena cada vez que cagas.

—No puedo creer lo ordinaria que te estás volviendo.

—Puede que me hayas contagiado tú. Hablando de ordinarieces, no sólo no tiras de la cadena. También te tiras pedos, eructas como un hipopótamo, te hurgas los dientes después de comer, sorbes la sopa y no preguntas si quiero algo cuando vas a la nevera a por una cerveza.

—¿Y tú? ¿Pero tú no te ves o qué? Cuelgas tus medias y tus bragas en la ducha y cada mañana las tengo que quitar. Dejas el cepillo del pelo lleno de ídem encima del lavabo. Pringas con pintalabios las tazas y los vasos y te huelen los pies en la cama.

—Pues anda que a ti los sobacos, cantan ópera china.

Estas discusiones pueden durar horas y acabar en crimen de sangre. Y es comprensible que personajes como Jesucristo que vino al mundo a salvarlo, no tuviera que pasar por esto.

La gente, la familia, los amigos, suelen decir que estas son cosas normales en los matrimonios y que el matrimonio es así. Entonces está claro que habría que prohibirlo.

También dicen que estas discusiones y problemas, cuando se superan, refuerzan los lazos y robustecen el amor entre los cónyuges.

El amor no tiene nada que ver en este asunto, aunque todo el mundo se empeñe en que sí. O entonces el amor no es el amor, sino otra cosa diferente, y también entonces la hemos liado.

Porque el amor es cuando te encanta el olor del otro, por ejemplo, o te hacen gracia las intimidades del otro. Y el matrimonio es exactamente lo contrario.

Son problemas de convivencia, te dicen. Pero no es cierto, porque una puede convivir con gente muy diversa a lo largo de la vida, desde familia hasta amigos, compañeras de piso, miles. El problema del matrimonio es que te tienes que acostar con quien convives y compartir toda la intimidad, cosa que no sucede cuando convives con otras personas.

Te dicen desde que eres pequeña y durante toda tu vida de adulta que el matrimonio es el desenlace natural del amor. No hay más que experimentarlo para saber que es mentira.

Todo el mundo lo sabe, pero todo el mundo insiste una y otra vez en negar la evidencia. Es uno de los grandes misterios. Porque aún hay más. Las personas clarividentes que deciden no casarse, o que habiéndose casado una vez se niegan a volver a hacerlo, son muy mal consideradas y se las etiqueta como «raras». Se las tacha de egoístas, cuando no de inmaduras o de intratables, o se les adjudica alguna tendencia perversa: son homosexuales o vampiros o se transforman en las noches de luna llena en hombres lobos o en mujeres panteras, o algo peor.

Y en realidad, son más listas que la media, más honestas y más valientes. No han querido jugar a ese gran juego de los disparates que es el matrimonio, en el que siempre hay uno que gana y otro que pierde, uno que domina y otro que obedece, uno que tolera y otro que abusa, uno que protesta y otro que calla, uno que hiere y otro que se venga, uno que ríe y otro que llora, uno que pide y otro que sirve.

Los casados hablan pestes del matrimonio pero incitan a los no casados a casarse, que es como si los sobrevivientes de un bombardeo incitaran a más bombardeos. Es increíble. Los solteros y solteras se ven acosados incansablemente por todos los casados a cometer el mismo error que ellos cometieron y a caer en el mismo abismo en el que cayeron ellos.

Aun a costa de invenciones tan idiotas como identificar el amor con el matrimonio y con la felicidad. Todavía a estas alturas se sigue diciendo que para una mujer el día de su boda es «el día más feliz de su vida». Claro que eso vale sólo para las chicas. A los chicos no se les dice que el día de su boda será el día más importante de su vida, faltaría más. El día más importante en la vida de un chico es el día en que su equipo de fútbol gana la Liga o la Eurocopa.

El día de mi boda con Pedro yo estaba hecha polvo. Tenía la regla, como el ochenta y cinco por ciento de las mujeres el día de su boda (el otro quince por ciento se casan embarazadas). Pero además, diez días antes me había hecho un esguince en el tobillo y había tenido que estar inmovilizada, primero, y abarrotarme de antiinflamatorios y analgésicos, después, con lo que tenía el estómago hecho papilla. Había adelgazado tres kilos, cosa que en circunstancias normales me hubiera hecho feliz, pero en aquel momento me hizo polvo, porque el vestido que me había comprado, un traje de chaqueta color crema muy bonito y muy caro, muy ceñido y muy en contra de lo que a mi madre y a mis hermanas les gustaba, me quedaba grande y colgandero.

Mi madre estaba dispuesta a tirar la casa por la ventana —yo era la primera de mis hermanas que se casaba— y quería a toda costa que me pusiera uno de esos horripilantes vestidos de novia blancos, largos, con cola y velo. Y yo, que iba siempre con vaqueros y camisetas, no me veía con esos rasos y esos tules. Comprendía que casarme de vaqueros era un poco fuerte, pero quería un traje discreto y bonito —esas dos cosas siempre son carísimas— que sirviera para la boda civil y la religiosa. Pedro y yo nos casamos por la Iglesia para no discutir con las respectivas familias que, aunque no son practicantes, a la hora de la verdad daban por supuesto que nos casaríamos por la Iglesia. A Pedro y a mí nos daba igual, creo que no teníamos la suficiente energía ni el suficiente convencimiento como para discutir. Un profesor mío de Patología decía que él era tan, tan, tan escéptico que no se atrevía a decir que los otros no tienen razón. Pues eso.

Pedro y yo. Yo y Pedro. Nos adorábamos, nos queríamos, no podíamos estar separados un minuto. Todo lo hacíamos juntos. El tiene dos años más que yo y se graduó un año antes. Su padre le ayudó a pedir un crédito para abrir la consulta. Su padre es farmacéutico, hijo de farmacéutico, hijo de farmacéutico. Mi padre es comerciante, hijo de comerciante, hijo de comerciante. Yo soy la primera de mi familia que ha estudiado una carrera, porque mi madre viene de una familia de agricultores y unos y otros sólo habían estudiado el bachillerato.

En cualquier caso, las dos familias estaban encantadas con nuestra boda.

Estaban incluso emocionadas, y no hacían más que regalarnos cosas, animarnos y darnos palmaditas en la espalda.

Ninguno nos dijo lo horrible que iba a ser, lo mal que lo íbamos a hacer, los problemas que íbamos a tener. Sólo hablaban de lo felices que íbamos a ser, como si la felicidad tuviera algo que ver con todo esto.

Me torcí el tobillo diez días antes de la boda porque me caí de una escalera de mano vieja mientras colocaba unos estantes en el consultorio. Estaba un poco cabreada. Pedro me había dejado esa tarde porque había quedado con unos amigos de la facu, en plan despedida de soltero, y yo quería terminar de poner los estantes. Estaba cabreada, pero no lo reconocía, yo misma me había convencido de que estaba bien que Pedro fuera a divertirse con sus amigotes. También me había parecido bien que en el reparto de despachos que hicimos, él se adjudicara el más grande y luminoso. A mí me daba igual al fin y al cabo. El mío estaba más cerca del servicio y del laboratorio y era más silencioso y acogedor. Esa palabra que me inventé yo creo que fue lo que pulsó algo raro en mi interior:

—Me da no sé qué quedarme con el despacho más grande —dijo mi adorado Pedro cogiéndome por la cintura y dándome un beso en el cuello.

—El tuyo es más grande, pero el mío es más acogedor —dije, devolviéndole el beso en la nariz.

—Sí, tienes razón. Casi me gusta más éste. Te lo cambio.

Idiota. Ahora sé que no lo decía de verdad, sólo lo decía para que estuviera contenta y asegurarse de que yo me conformaba con el despacho trasero, oscuro y pequeño.

—No, no, de ninguna manera. A mí me gusta más éste. El grande no me gusta nada.

La verdad de la verdad verdadera era que a él le traían sin cuidado uno y otro despacho, porque su sentido estético ha estado siempre bajo mínimos. Lo que vio rápida, intuitiva y definitivamente fue que un despacho era más grande y más principal que el otro. Y se aseguró bien de que era para él. No lo echamos a cara o cruz, ni sacamos papelitos de un sombrero. Fue algo natural. Cuando entramos en el piso, a la derecha de la entrada había una puerta. La abrimos y era un cuarto amplio con dos ventanas grandes a la calle.

—Es un despacho estupendo —dijo Pedro abriendo las contraventanas.

—Es precioso, sí. Hay sitio para la mesa, las librerías, los sillones, todo.

—Aquí mi mesa, aquí mi ordenador, aquí mis librerías, aquí mi sillón que me regaló mi padre, que era de mi abuelo, y aquí mis diplomas. ¿Qué te parece, Carmencita?

—Me parece perfecto. Es un despacho precioso, Pedrito.

Y así fue como pasó.

Y lo que pasó fue que yo estaba enamorada, encantada y en estado de adoración perpetua, y él yo creo que sí estaba enamorado, pero ese estado no le hacía perder ni un ápice del sentido de la realidad. Puede que sea ésa la gran diferencia entre hombres y mujeres, una diferencia más importante y evidente que los factores biológicos: que las mujeres se enamoran y pierden la cabeza y el sentido de la realidad y los hombres se enamoran y siguen igual de anclados en lo que les conviene o no.

Pero algo en mi interior no estaba conforme e intentaba abrirse paso entre las brumas de mi enamoramiento para aferrarse a mi garganta y decirme:

«Pero estúpida, defiéndete, no te dejes avasallar, no cedas en todo, pon un freno a tu estúpida entrega.» O algo parecido. Pero yo, nada. Yo, encantada de la vida, de ser tan estupenda, tan generosa, tan tolerante, tan poco celosa de mis derechos o de mis preferencias.

O sea, tan gilipollas.

Estaba encantada de haberme conocido.

Pero esa inquietud interior irreconocible, seguramente harta del poquísimo caso que yo le hacía, me hizo caer de la escalera y hacerme polvo el tobillo. Como estaba yo sola, tuve yo sola que ir a Urgencias en un taxi y luego volver a casa en otro. Mientras esperaba a que me hicieran la radiografía se me ocurrió que podía ser un aviso, que eso quería decir algo, pero al volver a casa y recuperar a mis hermanas y mi madre, volví al estado de memez habitual en mí en aquella época.

Y ahora lo veo tan claro todo. Naturalmente que fue un aviso. Tuve suerte, porque fue un aviso de tamaño moderado. Hay avisos que son letales o gravísimos. Lo veo todos los días. Montones de perros y gatos que se suicidan porque quieren pero no aguantan a sus dueños, que les hacen sufrir y los vuelven neuróticos con sus propias manías y obsesiones. Los accidentes llamados *tontos* son siempre un aviso de que estás haciendo algo que realmente no quieres hacer.

Como la noche de mi boda estaba con el puto período, no hicimos el amor, pero lo habíamos hecho el día anterior y el anteanterior, o sea que aprovechamos para dormir a pierna suelta. Yo estaba cansada y un poco borracha del festejo de bodas, que fue como todos. Ahora que lo pienso, es curioso que casada y cansada suenen y se escriban casi igual, o casado y cansado para ser justos. Matrimonio en cambio es inconfundible, de hecho no hay una canción, ni un verso, ni ningún poema que trate del matrimonio, porque a ver con qué rima «matrimonio», sino es con «patrimonio» o «pandemonio» o incluso, incluso —no lo puedo creer, cielos— con «demonio».

Eso es lo que es, un invento demoniaco, de ahí la semejanza fonética. Desde luego a lo que no se parece es a amor, tranquilidad, libertad, igualdad, independencia, tolerancia y esas palabras tan bonitas. El matrimonio está relacionado con palabras como renuncia, entrega, resignación, aguante, tiranía, esclavitud, cadenas, humillación, agresividad y violencia.

Pues a la mañana siguiente de la noche de bodas, nos despertamos muy tarde. Cuando yo me desperté, Pedro ya se había levantado de la cama. Al otro lado de la puerta del baño, oía carraspeos terribles y amagos de escupir, junto al agua de la ducha.

—Pedro, ¿te pasa algo? —dije llamando a la puerta con los nudillos.

Pedro seguía aclarándose la garganta con una insistencia sonora preocupante. Como no contestaba, entré. Pedro se afeitaba frente al espejo.

—Hola, creía que te pasaba algo.

En ese momento, volvió a aclararse la garganta como si tuviera dentro un barril de petróleo y escupió en el lavabo.

—Nada, qué me va a pasar. Ya termino y te dejo el baño.

—No, si yo no tengo prisa. Es que hacías tanto ruido que me había asustado, pensé que a lo mejor te habías puesto malo.

—Estoy perfecto, ni siquiera tengo resaca. Ahora, me vendría bien un cafecito.

Cerré la puerta y me fui a la cocina, pensando: «Joder, si esto lo hace cuando está perfecto, qué será cuando esté acatarrado.» Y efectivamente, cada mañana de su vida al levantarse, Pedro se limpia la garganta sin piedad, concienzuda y orquestalmente.

Aquella primera mañana hice el desayuno y —como el carraspeo— se convirtió en costumbre que así fuera. Algo natural, como lo del despacho grande, como que yo conteste habitualmente el teléfono en el consultorio y tome nota de las citas, como que vayamos a cenar siempre al restaurante que a él le gusta, como que sea yo quien compra los regalos de Navidad para su familia. Como todo, una vez que algo se convierte en costumbre, ya no hay quien lo cambie. Cualquier variación supone un seísmo que hace temblar los cimientos de la relación.

Según pasaba el tiempo, en lugar de acoplarnos o adaptarnos, cada vez nos llevábamos peor. Cada vez estábamos más distantes y más indiferentes. Casi no nos hablábamos. Sólo en el trabajo. Era lo único en lo que coincidíamos y colaborábamos. Una amiga me dijo que era fatal que trabajáramos juntos, que eso había enrarecido nuestro matrimonio.

Mi opinión es que para enrarecer el matrimonio no hay que hacer grandes esfuerzos ni buscar pretextos. El solo se va a pique. Lo único que hay que hacer es dejar pasar el tiempo. Conozco muchos matrimonios que no trabajan juntos ni en lo mismo y se van a pique igual. Quien tenga una fórmula para que el matrimonio funcione que dé un paso al frente y arroje la piedra. En cambio, todo el mundo podría escribir tomos y tomos de causas por las que los matrimonios se convierten en torturas chinas en lugar de eso que se supone que es, el pasaporte a la felicidad. Una mierda.

Pedro y yo al final nos separamos. Aprovechamos que el Guadalquivir pasa por Sevilla para pasarnos unos cuantos meses agrediéndonos verbalmente y tirándonos los trastos a la cabeza, y no es una metáfora. Llegamos incluso a serrar una mesa por la mitad, porque no nos poníamos de acuerdo acerca de quién se la llevaría, y los dos preferíamos destrozarla antes que dársela al otro. El está ahora viviendo con una ex de un colega, que no es de la profesión, pero le hace de recepcionista y ayudante, que es lo que buscaba desde el primer momento. Le dejé a él el consultorio y los clientes. Hice oposiciones y soy PNN de la facultad, que me gusta mucho más. Y juré no volverme a casar en lo que me queda de vida y pasara lo que pasara.

Y aquí estoy, me caso mañana con Joaquín, que es profesor de Anatomía I en la facu de Medicina. No entiendo cómo ha podido pasar, es algo que no me explico, pero aquí estoy como una gilipollas, despotricando contra el matrimonio en un cuaderno porque no puedo dormir. Pensé que si lo escribía, no me casaría, pero me temo que lo único que he conseguido es desahogarme. No doy crédito a que sea yo misma la que se casa mañana. Y encima con unas ojeras de oso panda.

Diez mujeres y un poeta

El joven romántico estaba sentado en una mesa del Café Comercial junto a la ventana, frente a la puerta de entrada. Escribía en un cuaderno: «Hoy está lloviendo y yo me siento triste y solo. Creo que hoy voy a poder por fin escribir un poema.»

Levantó los ojos del cuaderno y vio que una chica se sentaba en la mesa próxima a la suya. Era joven, no debía tener más de diecisiete o dieciocho años. Iba vestida con vaqueros, un jersey negro de cuello alto, una chaqueta vaquera y tenía el pelo largo y muy rizado, de color paja. El cutis muy terso y blanco, excepto la nariz respingona, que mostraba un ligero tono rosáceo, y los ojos grandes, claros y llorosos.

El romántico sintió cómo se aceleraban los latidos de su corazón y para disimular dejó de mirar a la chica y empezó a dibujar flores —margaritas— en el cuaderno. Un camarero se acercó a la mesa de la chica y ella le pidió un café con leche. Después, sacó de la mochila un libro y se puso a leer. Mientras leía se echaba la melena rizada a un lado y la retorcía suavemente. El chico romántico pudo ver el cuello sólido y blanco que emergía del borde del jersey negro y un lóbulo redondo y suave en el que había incrustado un granito de oro.

El chico romántico ya había comprendido que acababa de ver a la mujer de su vida, la que le perdería para siempre, con la que viviría un amor tan tórrido y fatal como el de Romeo por Julieta, el de Abelardo por Eloísa o el de Miguel Boyer por Isabel Preysler. Sus destinos estaban irremediablemente entrelazados para siempre.

Sólo de pensarlo o reconocerlo, sintió que se ruborizaba, que le temblaban las piernas, que su pulso se disparaba, que le iba a dar algo. No podía quitar los ojos de la chica. No podía imaginar la vida sin mirar a la joven, que el romántico adivinaba alma gemela, sensible, romántica, enamorada.

La chica, sin dejar de leer, soltó su melena, metió la mano en un bolsillo de la cazadora vaquera y sacó lo que parecía un pañuelo. Pero al sacudirlo, cayó al suelo. El romántico no lo dudó un momento y se precipitó a cogerlo. No era un pañuelo, era un klínex de papel, húmedo y pringoso. Al tocarlo, el chico sintió una pequeña náusea involuntaria, que sin embargo reprimió inmediatamente.

Sujetando con dos dedos el klínex mocoseado, se lo dio a la chica.

—Creo que se te ha caído esto.

Ella le miró y el chico pudo ver que por un orificio de la nariz respingona de ella caía un hilillo de líquido blancuzco. Ella agarró el pañuelo de papel pringoso y lo tiró al suelo, pisándolo con la bota derecha:

—Joer —dijo sorbiendo y poniéndose la mano en la nariz—, tengo un catarro de película.

De otro bolsillo sacó otro klínex igual de pringoso y se sonó ostensiblemente.

El joven romántico volvió a sentarse en su mesa.

Aún sentía en los dedos el tacto viscoso de los mocos del pañuelo de papel y la sensación de asco que le había producido. Al acercarse a la chica había notado un olor a sudor recocido en fibra artificial. Todo ello había tranquilizado su corazón y normalizado su pulso.

Cogió el bolígrafo y tachó las margaritas que había pintado y transformó los tachones en gruesas lanzas de punta afilada. Y escribió: «Hoy tampoco voy a escribir un poema. La vida es una puta mierda.»

Este libro se terminó de imprimir en mayo de 1996 en Lavel Industria Gráfica, S. A.